~ This Book Belongs To ~

Name :

Phone :

Address :

Location :		Date :	
Firearm :		Time :	

Scope Type :	
Ammunition :	
Seating Depth :	
Distance :	
Powder :	
Primer :	
Brass :	

Conditions :

Overall Results :

Notes :

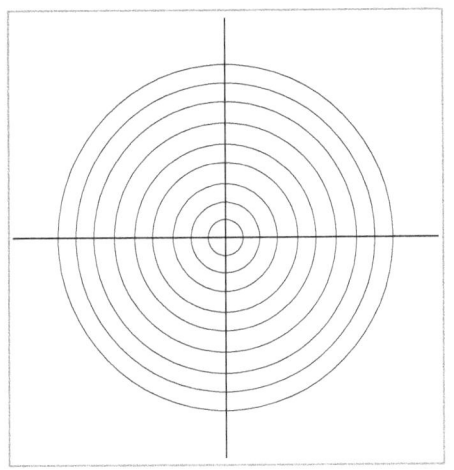
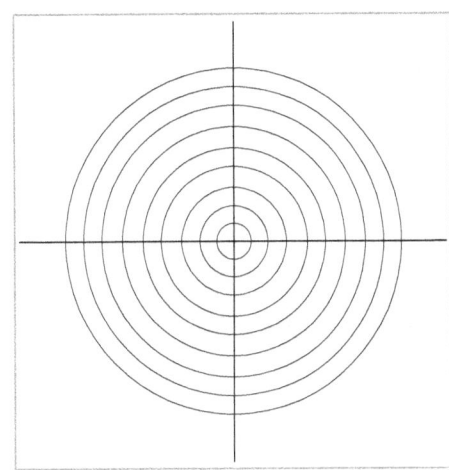

Distance :
Target Size :

Distance :
Target Size :

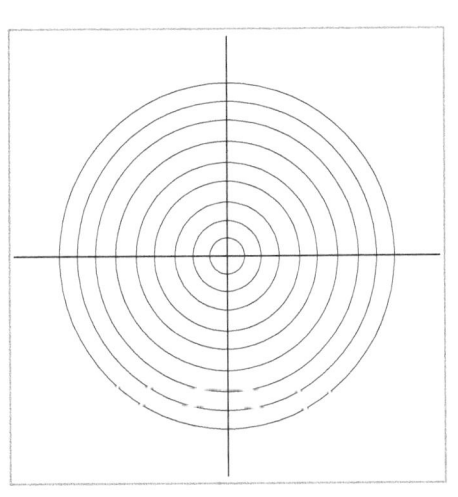
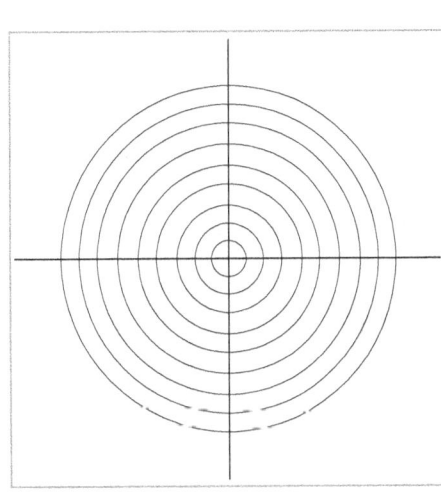

Distance :
Target Size :

Distance :
Target Size :

Location :

Firearm :

Date :

Time :

Scope Type :	
Ammunition :	
Seating Depth :	
Distance :	
Powder :	
Primer :	
Brass :	

Conditions :

Overall Results :	

Notes :

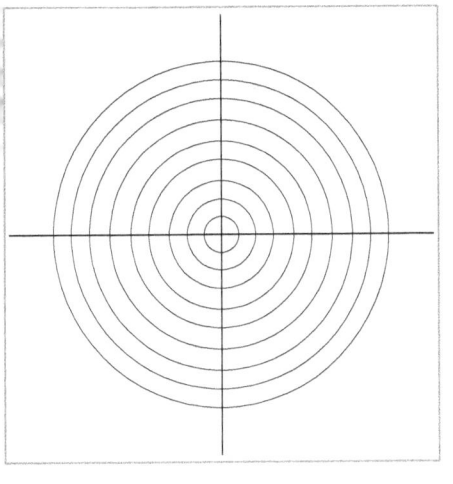
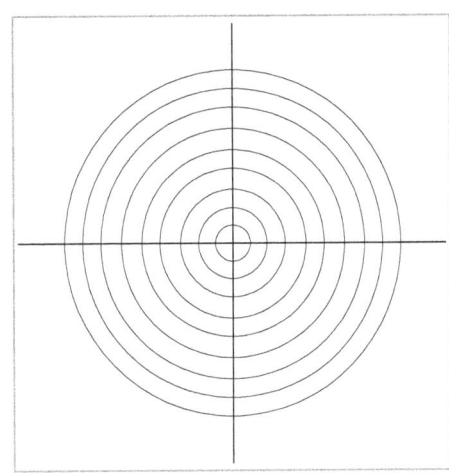

Distance : _____
Target Size : _____

Distance : _____
Target Size : _____

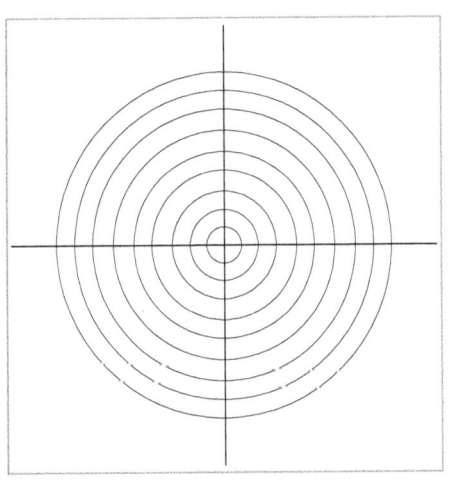

Distance : _____
Target Size : _____

Distance : _____
Target Size : _____

Location : _____ Date : _____
Firearm : _____ Time : _____

Scope Type :	
Ammunition :	
Seating Depth :	
Distance :	
Powder :	
Primer :	
Brass :	

Conditions :

_____
_____
_____

Overall Results :	

Notes :

_____
_____
_____
_____
_____
_____
_____
_____
_____

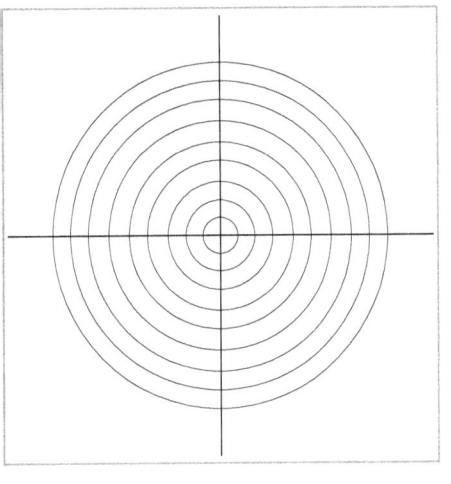
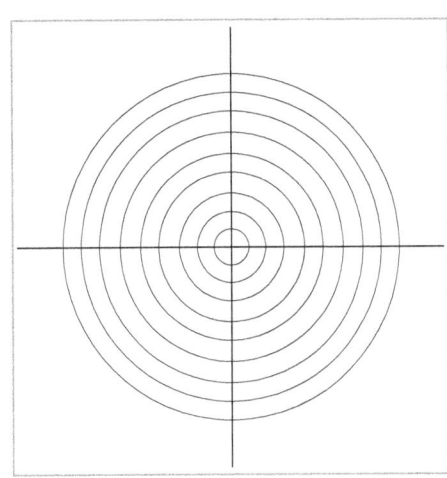

Distance :
Target Size :

Distance :
Target Size :

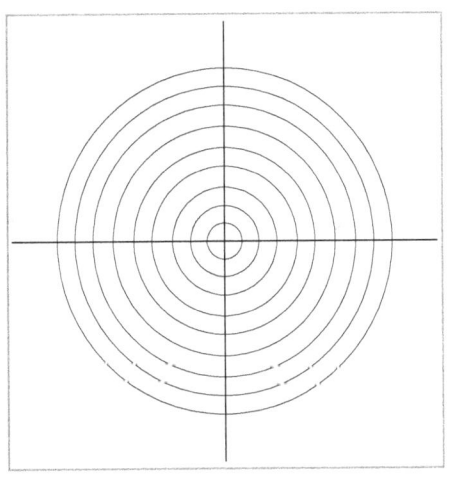
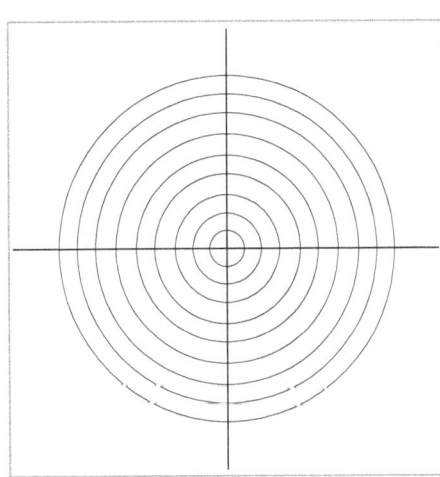

Distance :
Target Size :

Distance :
Target Size :

Location :

Firearm :

Date :

Time :

Scope Type :	
Ammunition :	
Seating Depth :	
Distance :	
Powder :	
Primer :	
Brass :	

Conditions :

Overall Results :	

Notes :

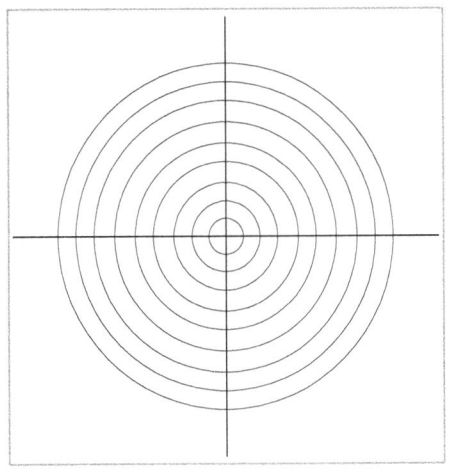
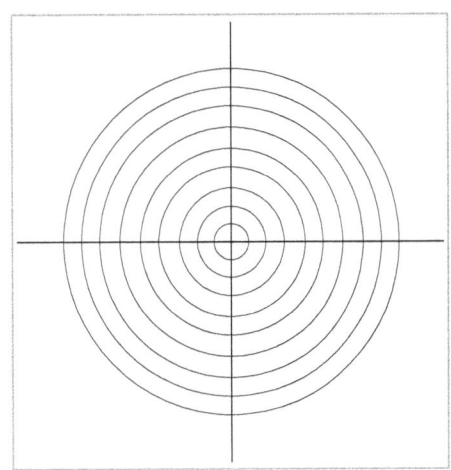

Distance : _____   Distance : _____
Target Size : _____   Target Size : _____

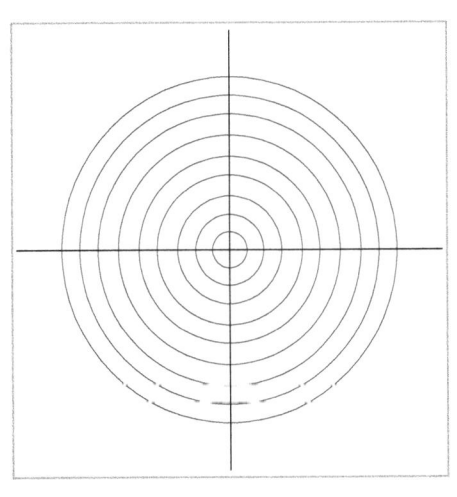
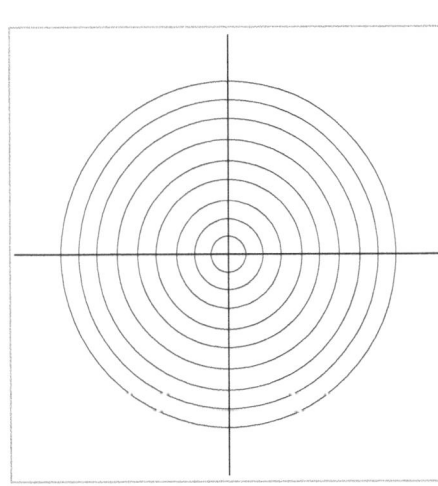

Distance : _____   Distance : _____
Target Size : _____   Target Size : _____

Location :

Firearm :

Date :

Time :

Scope Type :	
Ammunition :	
Seating Depth :	
Distance :	
Powder :	
Primer :	
Brass :	

Conditions :

Overall Results :	

Notes :

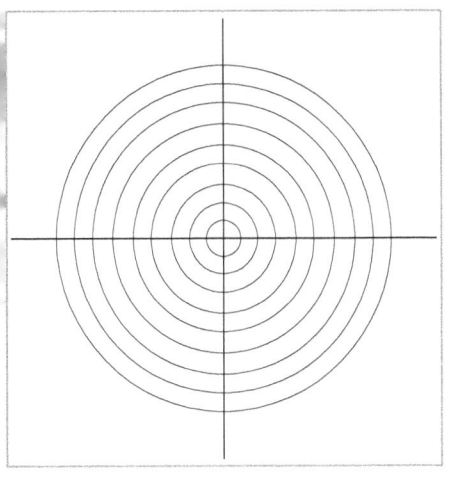
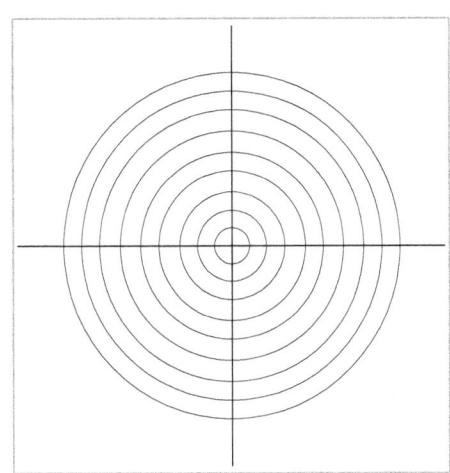

Distance : _____   Distance : _____
Target Size : _____   Target Size : _____

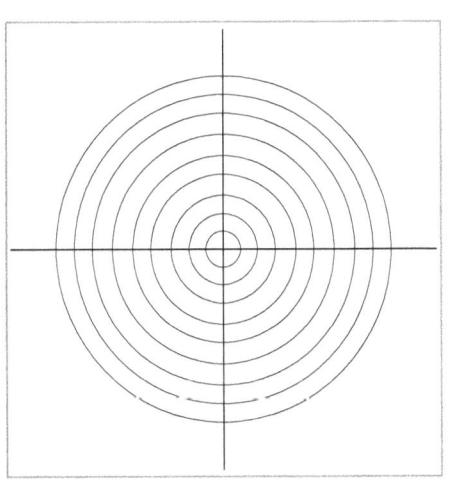
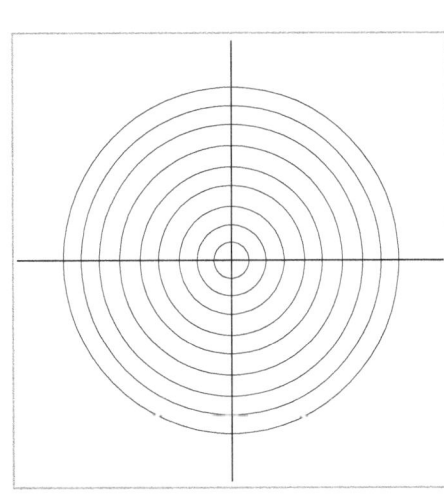

Distance : _____   Distance : _____
Target Size : _____   Target Size : _____

Location :

Firearm :

Date :

Time :

Scope Type :	
Ammunition :	
Seating Depth :	
Distance :	
Powder :	
Primer :	
Brass :	

Conditions :

Overall Results :	

Notes :

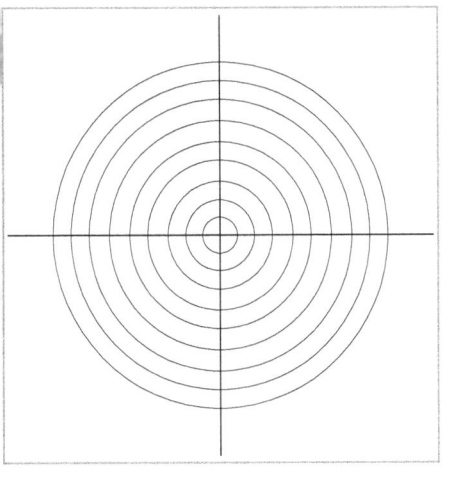
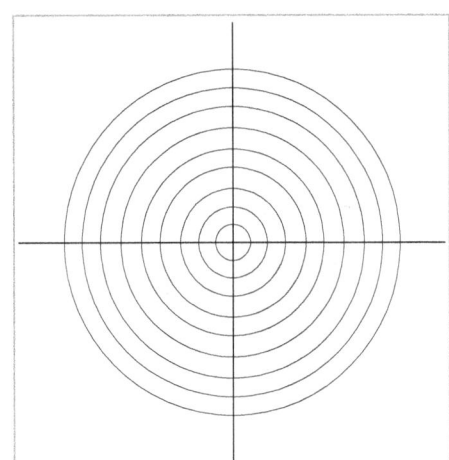

Distance :
Target Size :

Distance :
Target Size :

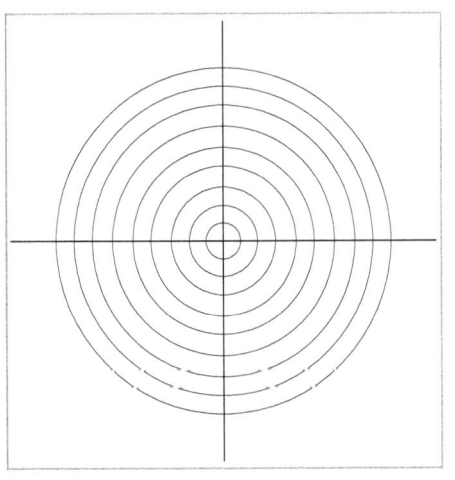
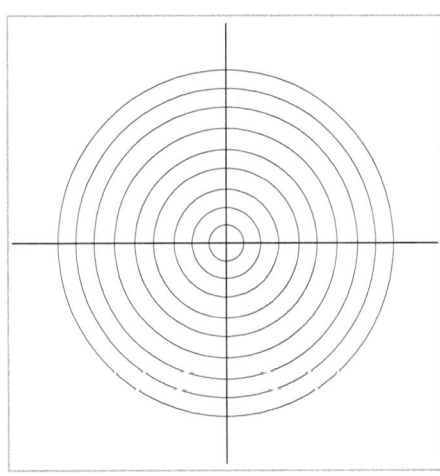

Distance :
Target Size :

Distance :
Target Size :

Location :

Firearm :

Date :

Time :

Scope Type :	
Ammunition :	
Seating Depth :	
Distance :	
Powder :	
Primer :	
Brass :	

Conditions :

Overall Results :	

Notes :

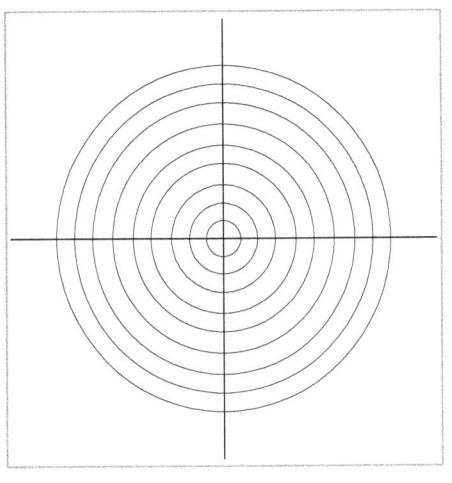

Distance :
Target Size :

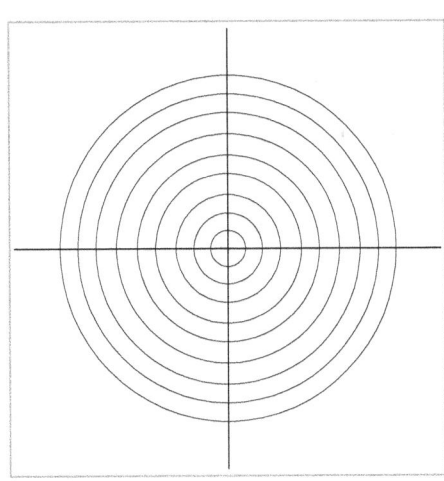

Distance :
Target Size :

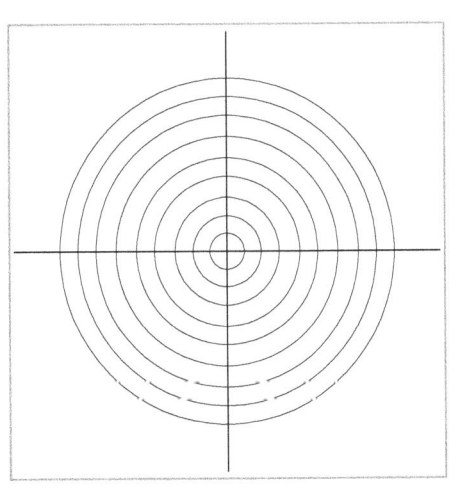

Distance :
Target Size :

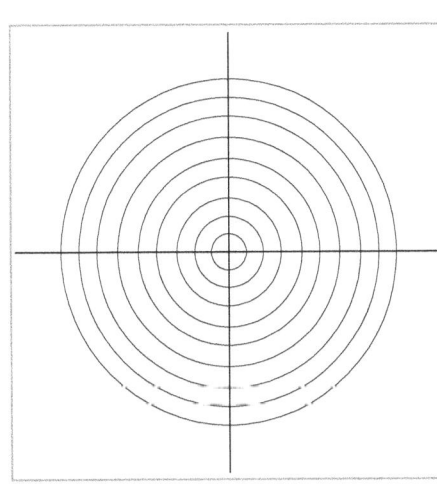

Distance :
Target Size :

Location : _____   Date : _____
Firearm : _____   Time : _____

Scope Type :	
Ammunition :	
Seating Depth :	
Distance :	
Powder :	
Primer :	
Brass :	

Conditions :

_____
_____
_____

Overall Results :	

Notes :

_____
_____
_____
_____
_____
_____
_____
_____
_____
_____

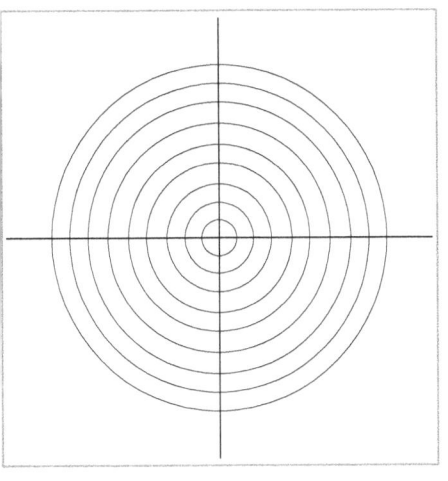
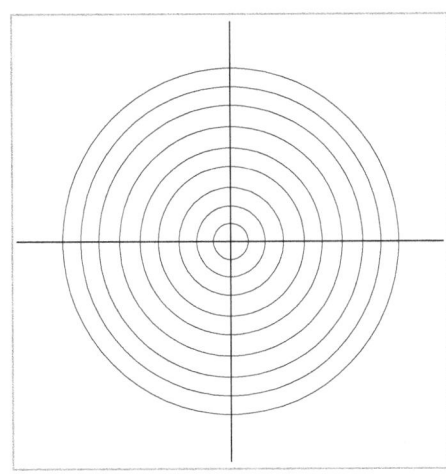

Distance : _____   Distance : _____
Target Size : _____   Target Size : _____

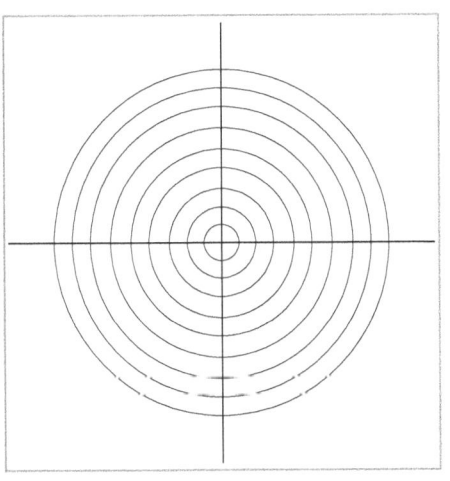
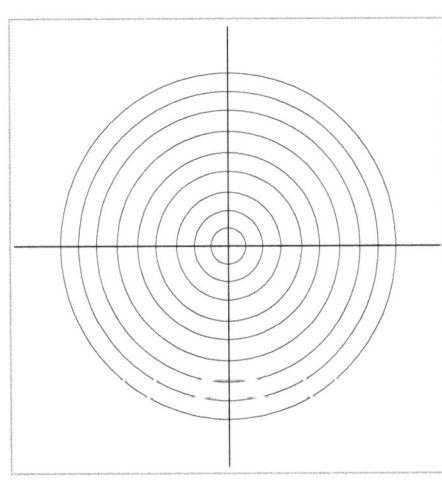

Distance : _____   Distance : _____
Target Size : _____   Target Size : _____

Location :

Firearm :

Date :

Time :

Scope Type :	
Ammunition :	
Seating Depth :	
Distance :	
Powder :	
Primer :	
Brass :	

Conditions :

Overall Results :	

Notes :

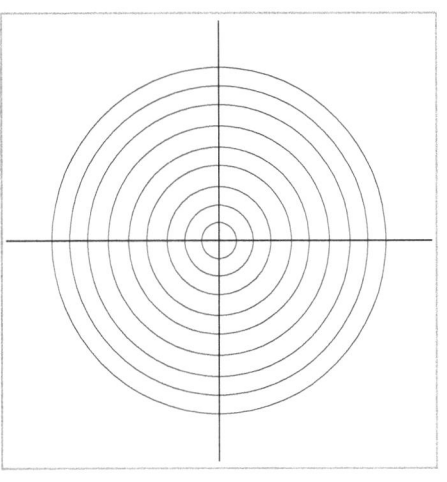

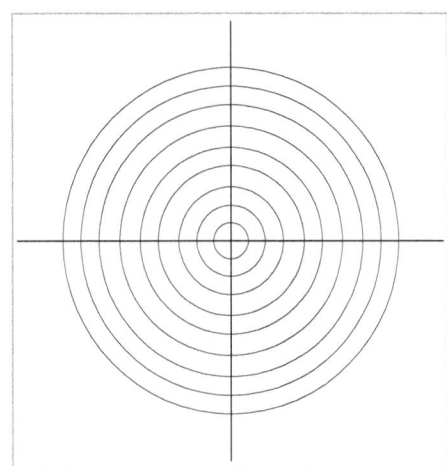

Distance : _____
Target Size : _____

Distance : _____
Target Size : _____

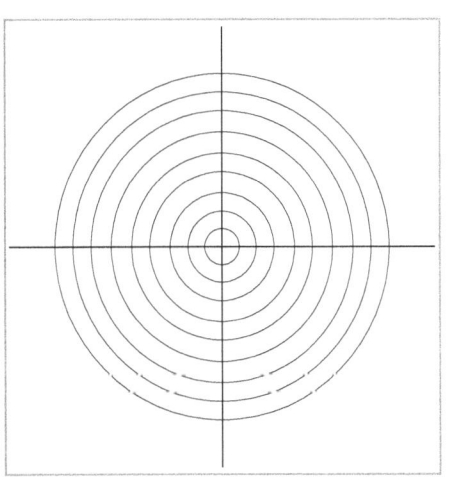

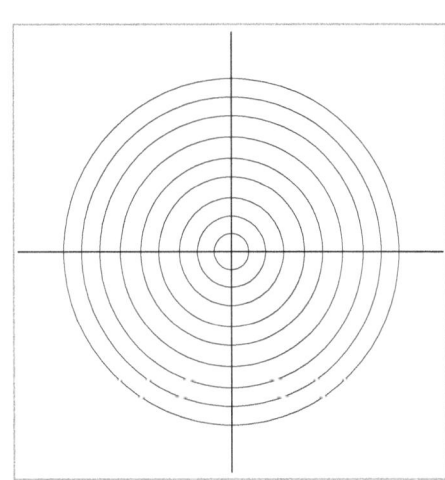

Distance : _____
Target Size : _____

Distance : _____
Target Size : _____

Location :

Firearm :

Date :

Time :

Scope Type :	
Ammunition :	
Seating Depth :	
Distance :	
Powder :	
Primer :	
Brass :	

Conditions :

Overall Results :	

Notes :

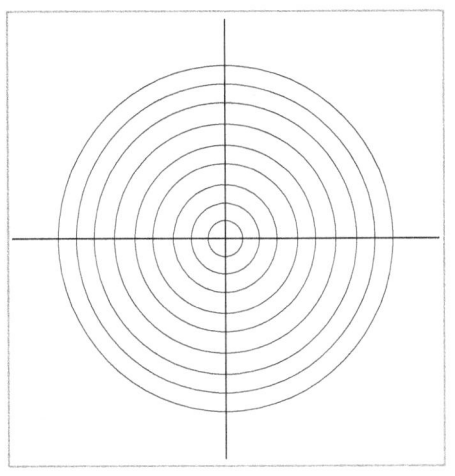
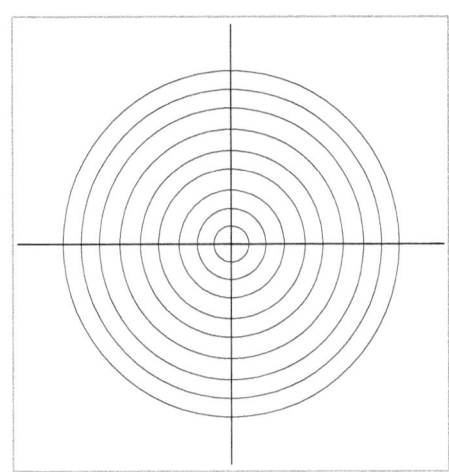

Distance : _____
Target Size : _____

Distance : _____
Target Size : _____

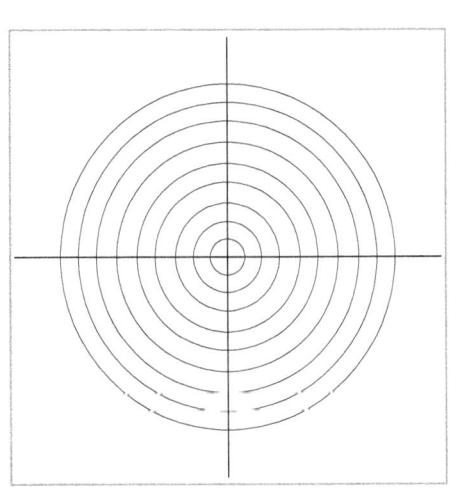
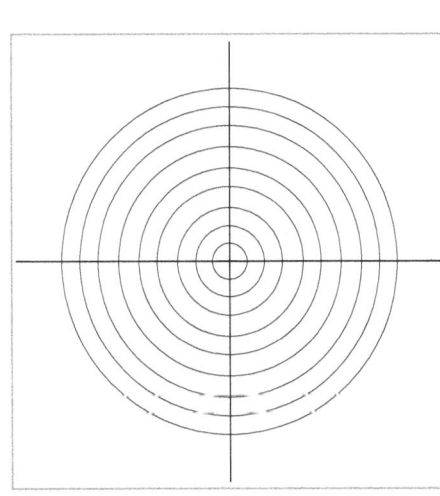

Distance : _____
Target Size : _____

Distance : _____
Target Size : _____

Location :

Firearm :

Date :

Time :

Scope Type :	
Ammunition :	
Seating Depth :	
Distance :	
Powder :	
Primer :	
Brass :	

Conditions :

Overall Results :	

Notes :

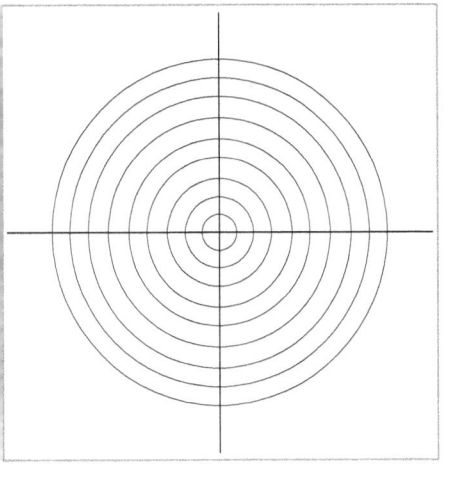
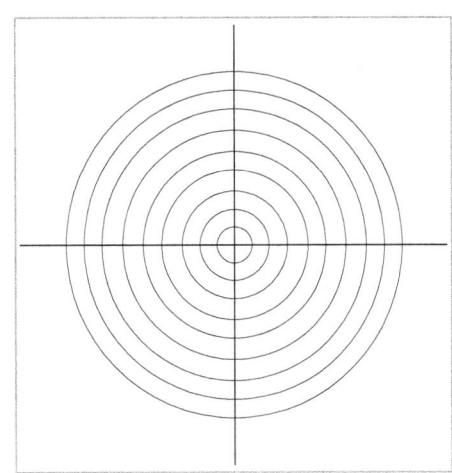

Distance : _____   Distance : _____
Target Size : _____   Target Size : _____

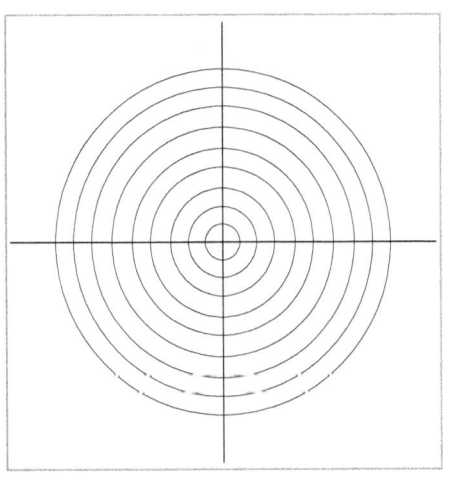
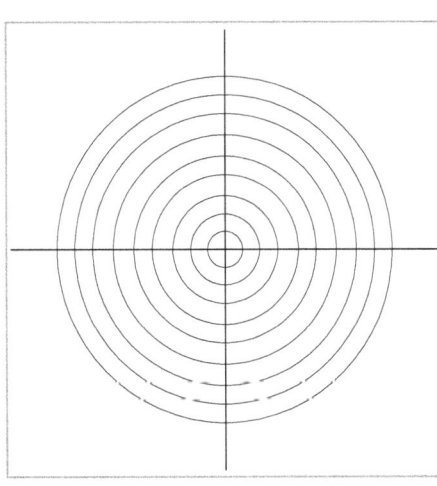

Distance : _____   Distance : _____
Target Size : _____   Target Size : _____

Location :

Firearm :

Date :

Time :

Scope Type :	
Ammunition :	
Seating Depth :	
Distance :	
Powder :	
Primer :	
Brass :	

Conditions :

Overall Results :	

Notes :

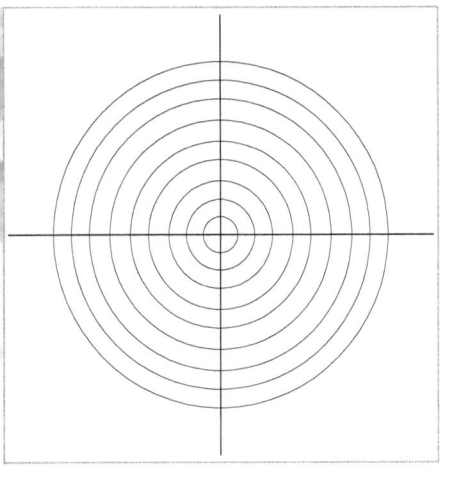
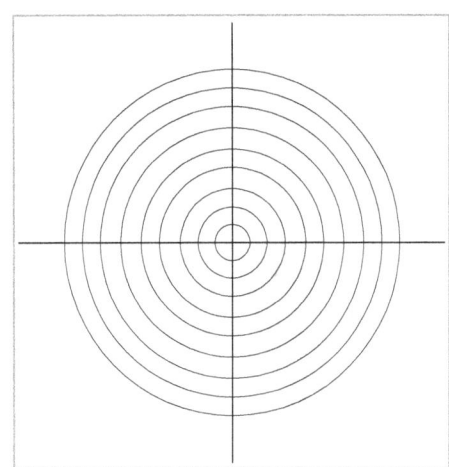

Distance : _____   Distance : _____
Target Size : _____   Target Size : _____

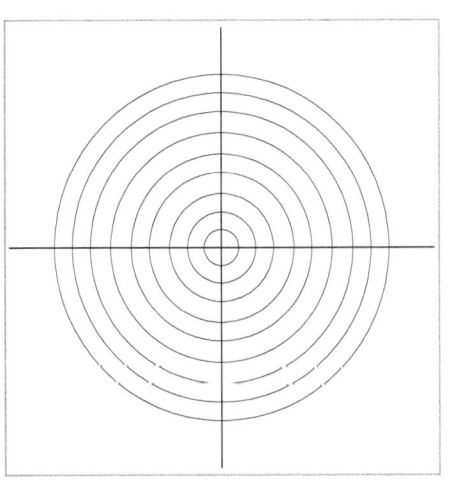
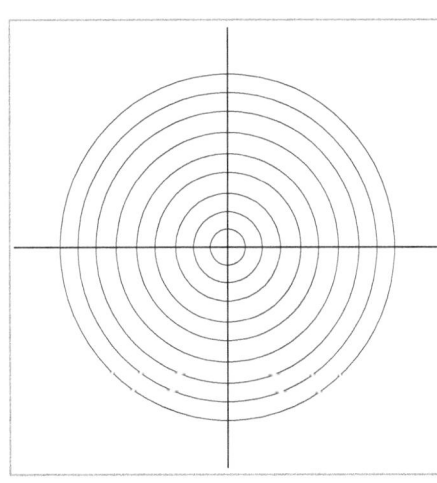

Distance : _____   Distance : _____
Target Size : _____   Target Size : _____

Location :

Firearm :

Date :

Time :

Scope Type :	
Ammunition :	
Seating Depth :	
Distance :	
Powder :	
Primer :	
Brass :	

Conditions :

Overall Results :	

Notes :

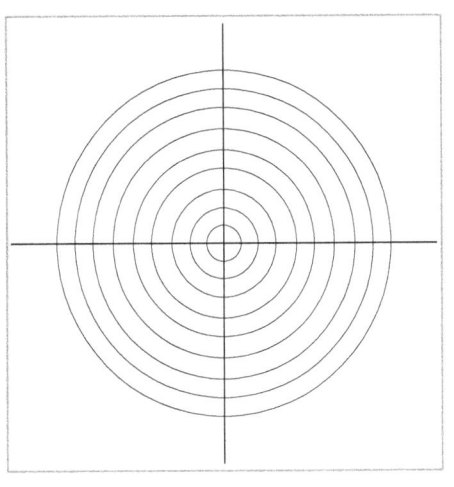
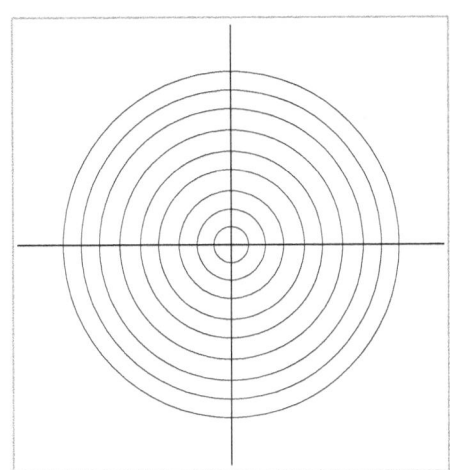

Distance :

Target Size :

Distance :

Target Size :

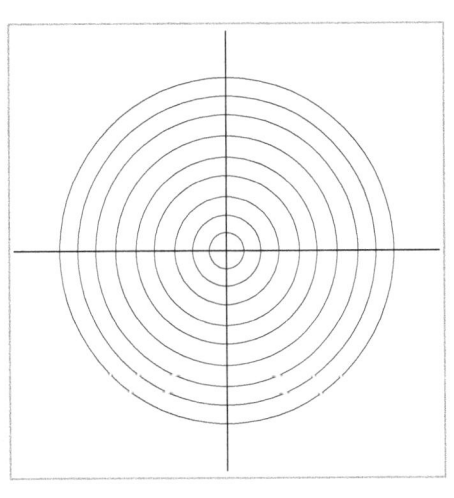
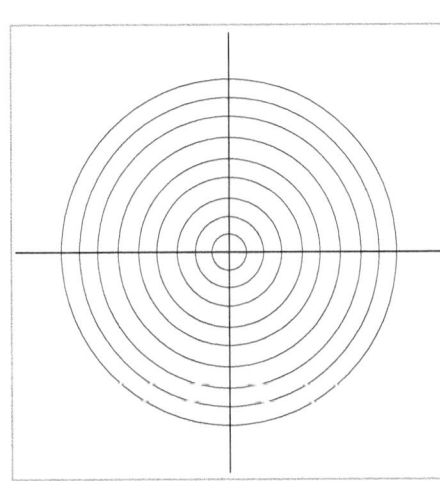

Distance :

Target Size :

Distance :

Target Size :

Location :
Firearm :

Date :
Time :

Scope Type :	
Ammunition :	
Seating Depth :	
Distance :	
Powder :	
Primer :	
Brass :	

Conditions :

Overall Results :

Notes :

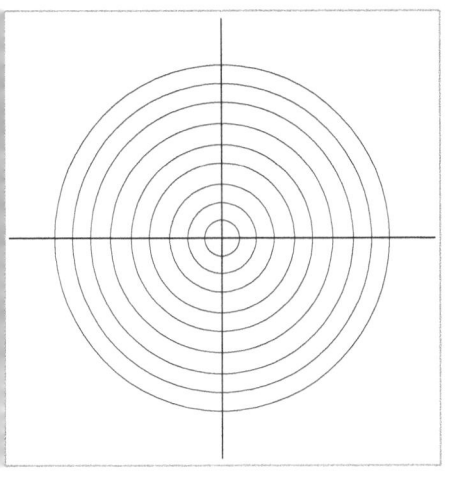
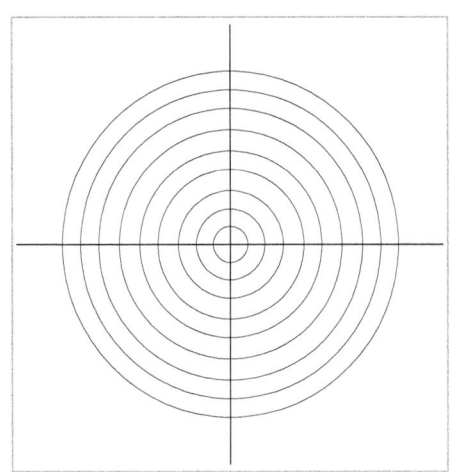

Distance :
Target Size :

Distance :
Target Size :

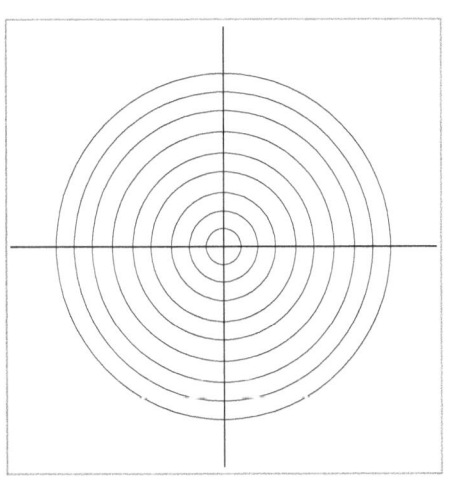
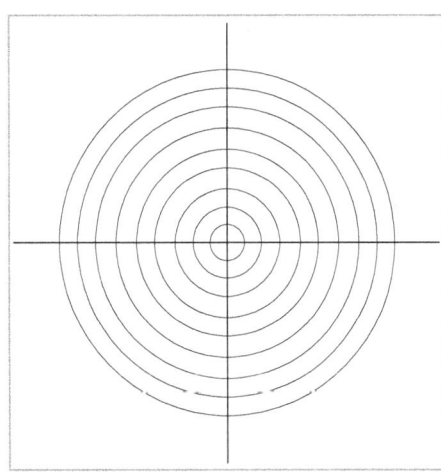

Distance :
Target Size :

Distance :
Target Size :

Location :

Firearm :

Date :

Time :

Scope Type :	
Ammunition :	
Seating Depth :	
Distance :	
Powder :	
Primer :	
Brass :	

Conditions :

Overall Results :	

Notes :

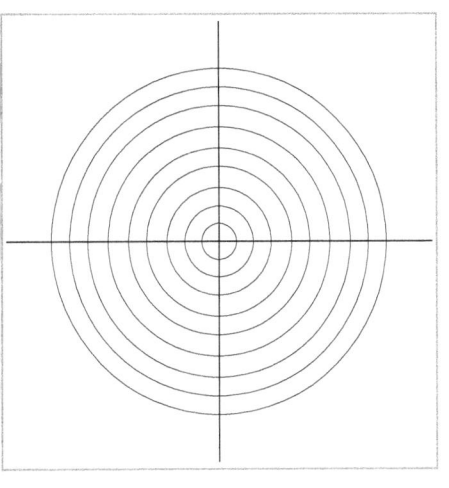
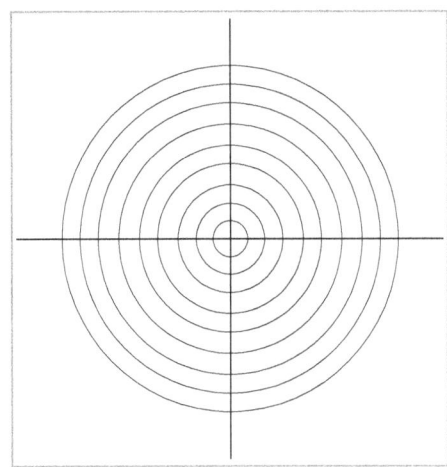

Distance : _____   Distance : _____
Target Size : _____ Target Size : _____

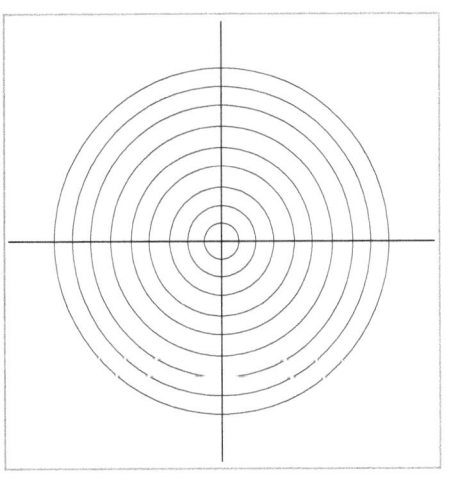
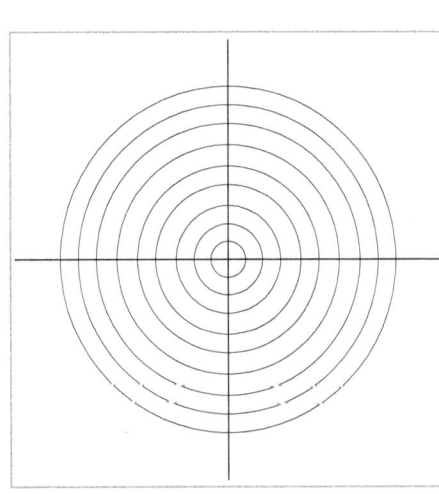

Distance : _____   Distance : _____
Target Size : _____ Target Size : _____

Location :

Firearm :

Date :

Time :

Scope Type :	
Ammunition :	
Seating Depth :	
Distance :	
Powder :	
Primer :	
Brass :	

Conditions :

Overall Results :	

Notes :

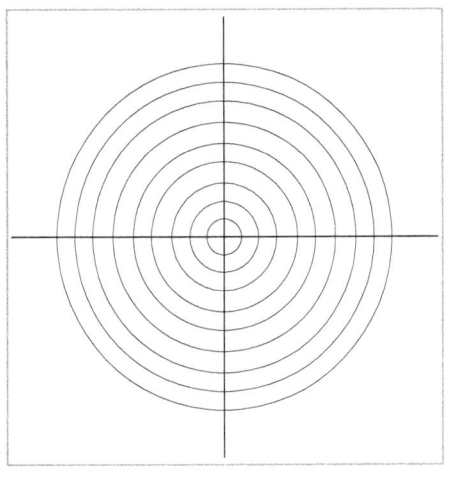
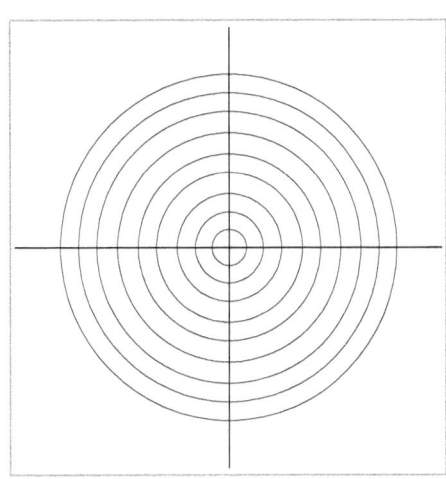

Distance :
Target Size :

Distance :
Target Size :

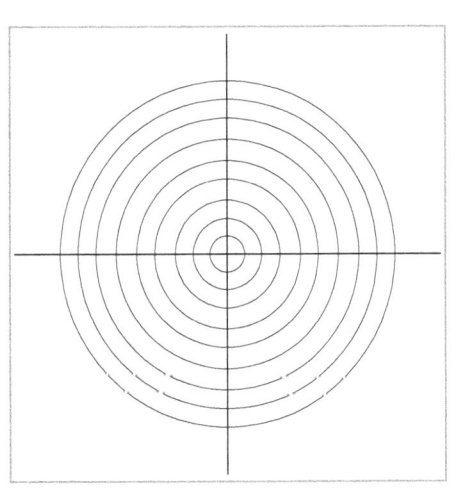
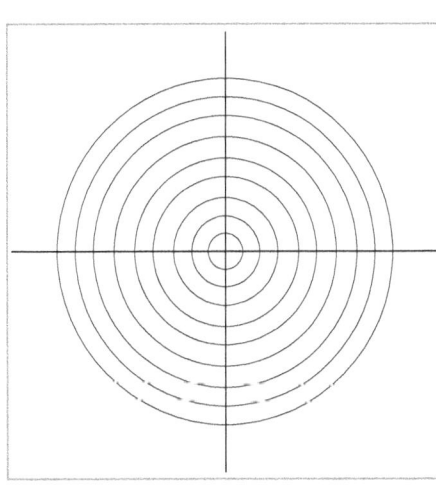

Distance :
Target Size :

Distance :
Target Size :

Location :

Firearm :

Date :

Time :

Scope Type :	
Ammunition :	
Seating Depth :	
Distance :	
Powder :	
Primer :	
Brass :	

Conditions :

Overall Results :

Notes :

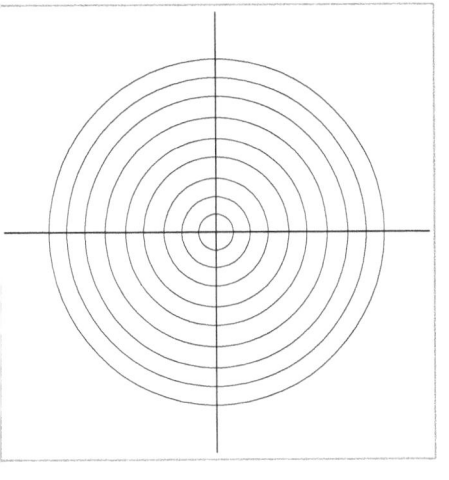
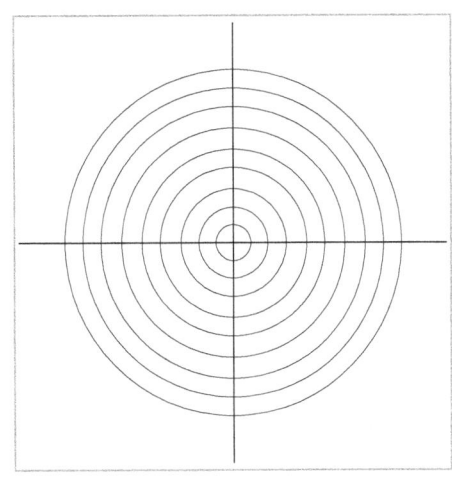

Distance : _____ Distance : _____
Target Size : _____ Target Size : _____

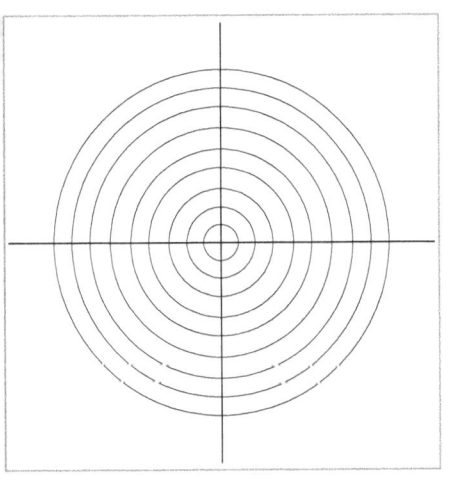
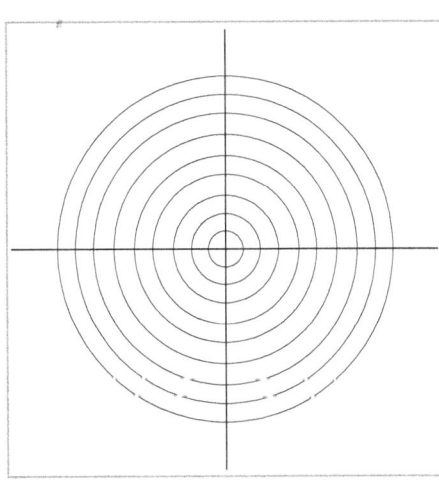

Distance : _____ Distance : _____
Target Size : _____ Target Size : _____

Location : _____   Date : _____
Firearm : _____   Time : _____

Scope Type :	
Ammunition :	
Seating Depth :	
Distance :	
Powder :	
Primer :	
Brass :	

Conditions :

_____
_____
_____

Overall Results :	

Notes :

_____
_____
_____
_____
_____
_____
_____
_____
_____

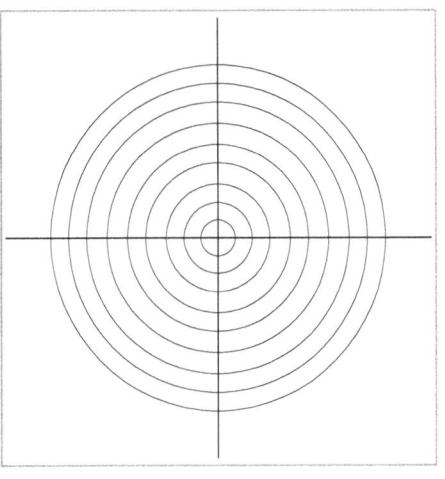

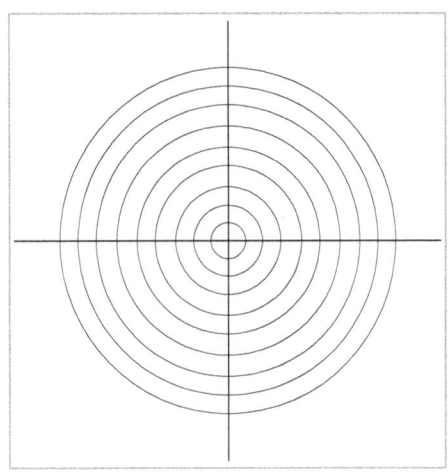

Distance :

Target Size :

Distance :

Target Size :

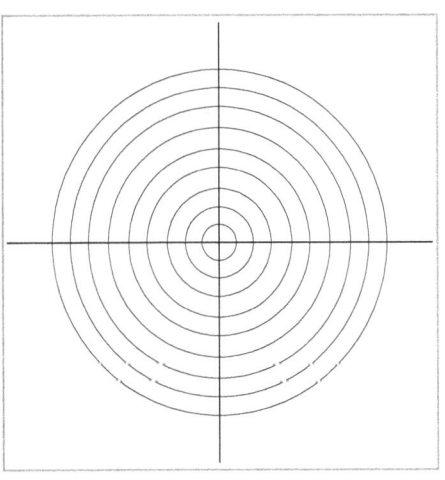

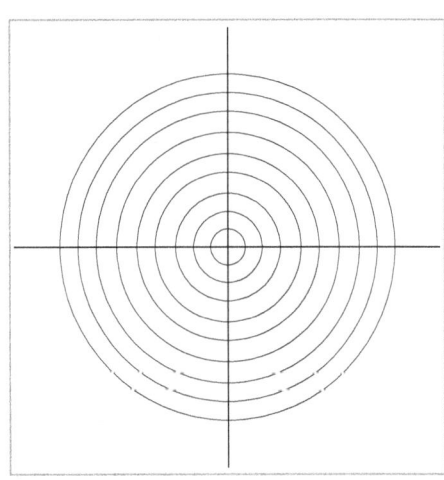

Distance :

Target Size :

Distance :

Target Size :

Location :

Firearm :

Date :	
Time :	

Scope Type :	
Ammunition :	
Seating Depth :	
Distance :	
Powder :	
Primer :	
Brass :	

Conditions :

Overall Results :

Notes :

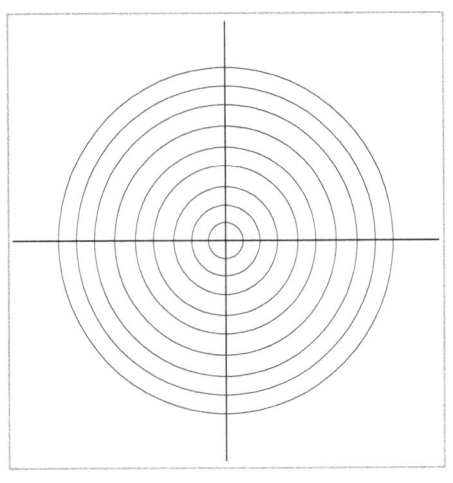
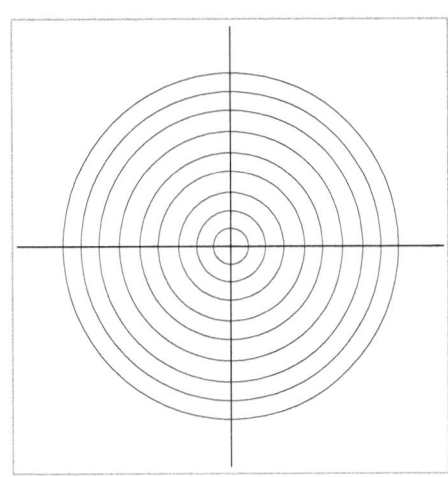

Distance : _____   Distance : _____
Target Size : _____   Target Size : _____

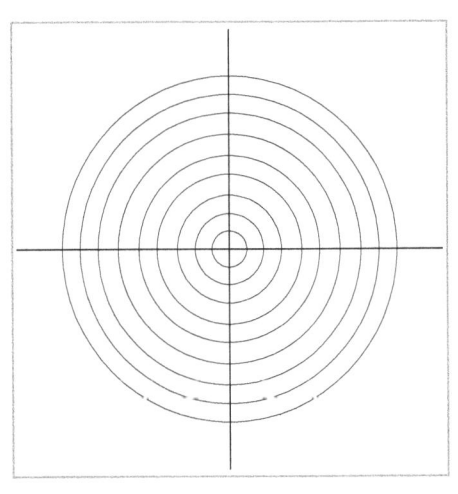
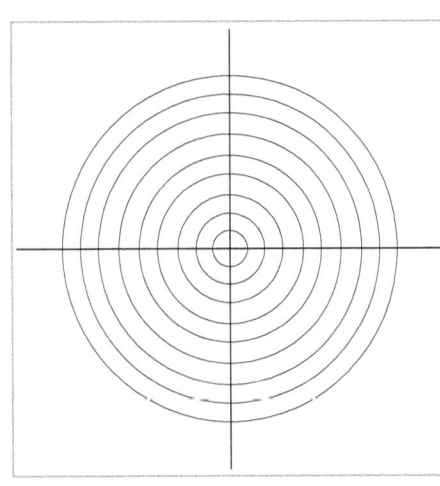

Distance : _____   Distance : _____
Target Size : _____   Target Size : _____

Location :		Date :	
Firearm :		Time :	

Scope Type :	
Ammunition :	
Seating Depth :	
Distance :	
Powder :	
Primer :	
Brass :	

Conditions :

Overall Results :	

Notes :

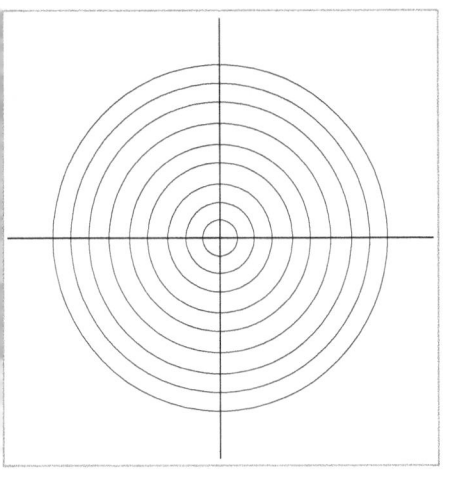
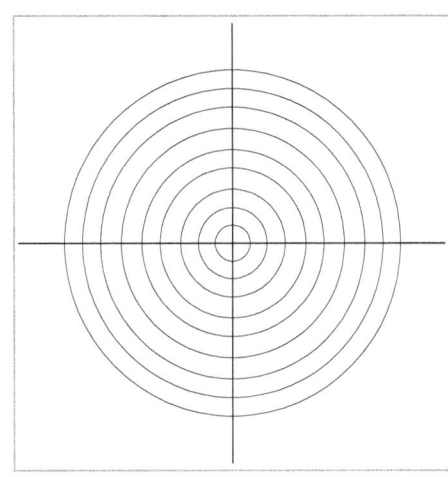

Distance : _____ Distance : _____
Target Size : _____ Target Size : _____

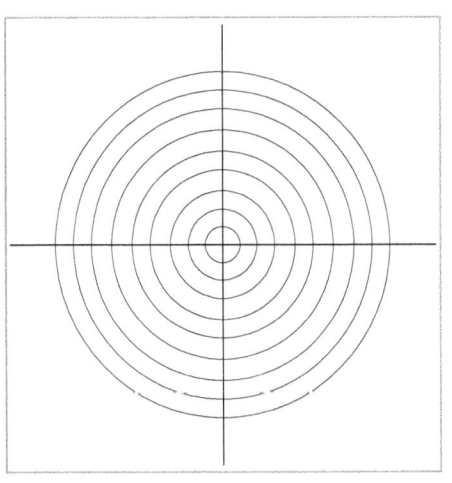
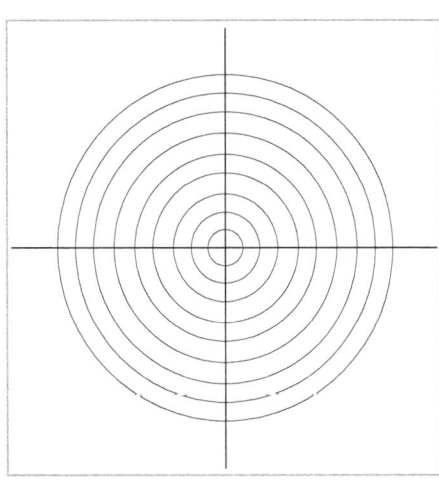

Distance : _____ Distance : _____
Target Size : _____ Target Size : _____

Location :

Firearm :

Date :

Time :

Scope Type :	
Ammunition :	
Seating Depth :	
Distance :	
Powder :	
Primer :	
Brass :	

Conditions :

Overall Results :	

Notes :

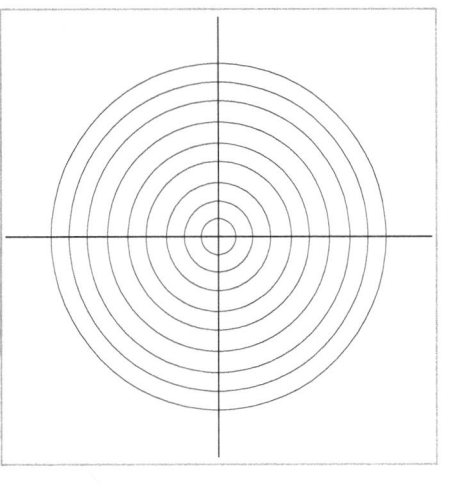
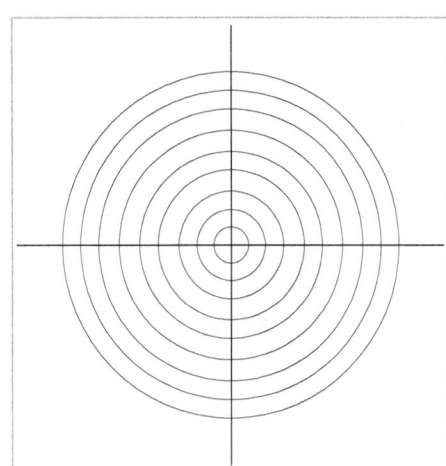

Distance :

Target Size :

Distance :

Target Size :

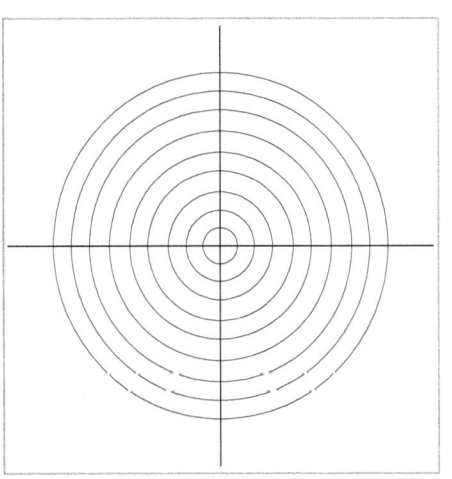
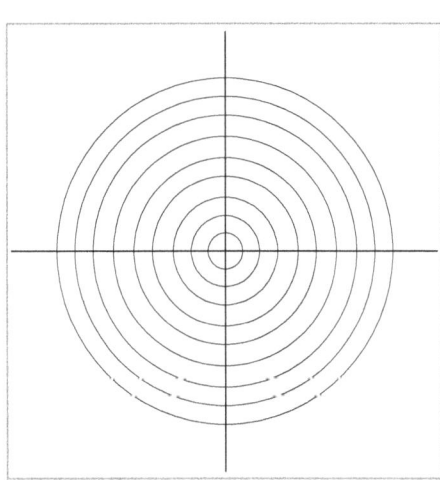

Distance :

Target Size :

Distance :

Target Size :

Location :

Firearm :

Date :

Time :

Scope Type :	
Ammunition :	
Seating Depth :	
Distance :	
Powder :	
Primer :	
Brass :	

Conditions :

Overall Results :	

Notes :

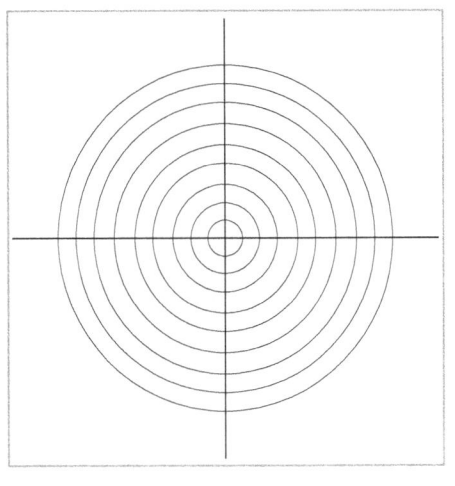
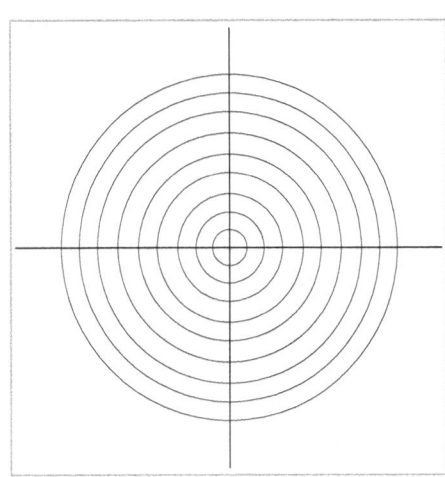

Distance : _____
Target Size : _____

Distance : _____
Target Size : _____

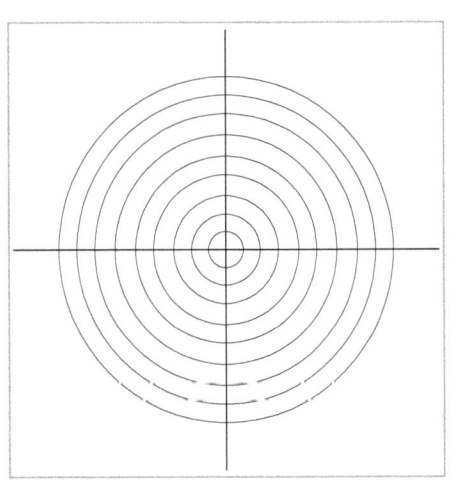
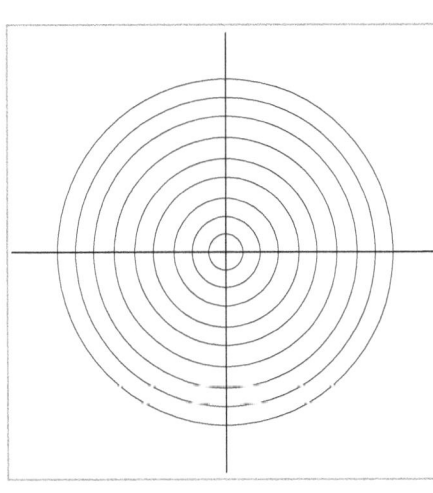

Distance : _____
Target Size : _____

Distance : _____
Target Size : _____

Location :

Firearm :

Date :

Time :

Scope Type :	
Ammunition :	
Seating Depth :	
Distance :	
Powder :	
Primer :	
Brass :	

Conditions :

Overall Results :	

Notes :

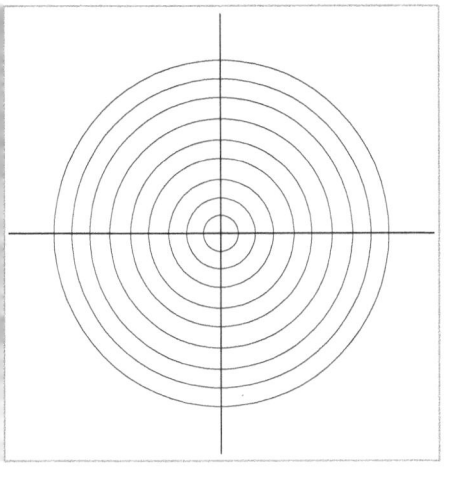
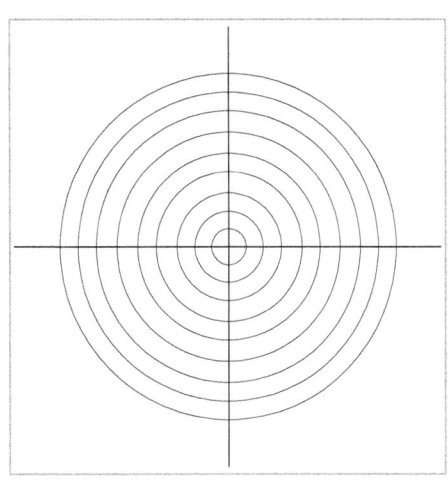

Distance :
Target Size :

Distance :
Target Size :

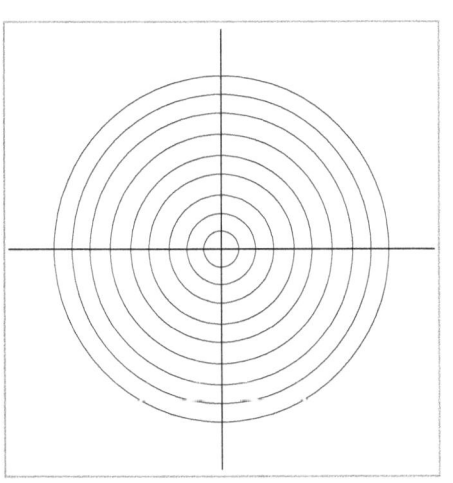
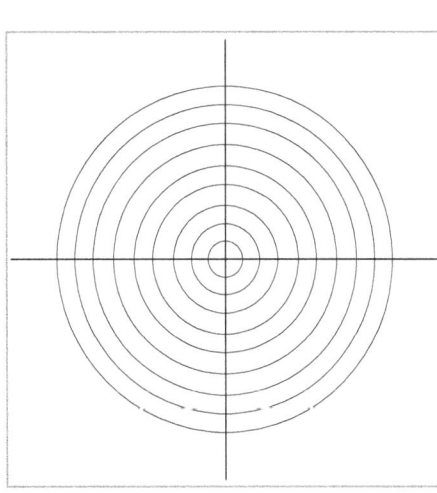

Distance :
Target Size :

Distance :
Target Size :

Location : _____

Firearm : _____

Date :

Time :

Scope Type :	
Ammunition :	
Seating Depth :	
Distance :	
Powder :	
Primer :	
Brass :	

Conditions :

Overall Results :	

Notes :

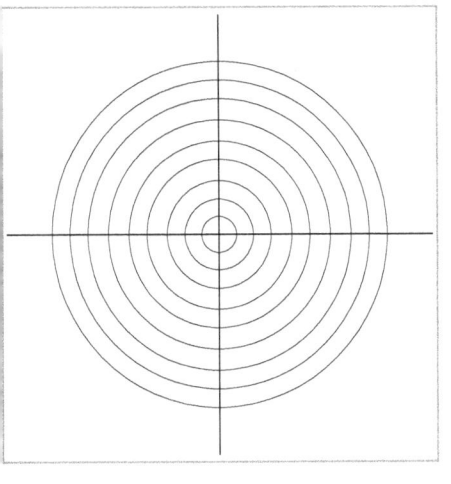 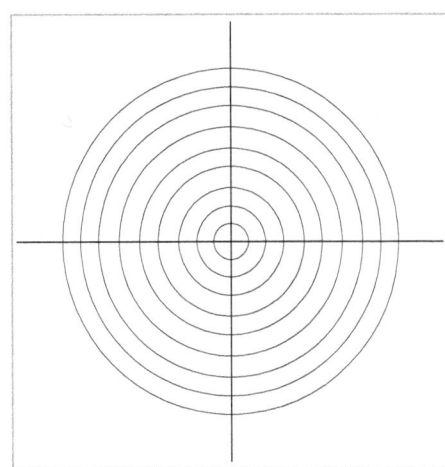

Distance : _____ Distance : _____
Target Size : _____ Target Size : _____

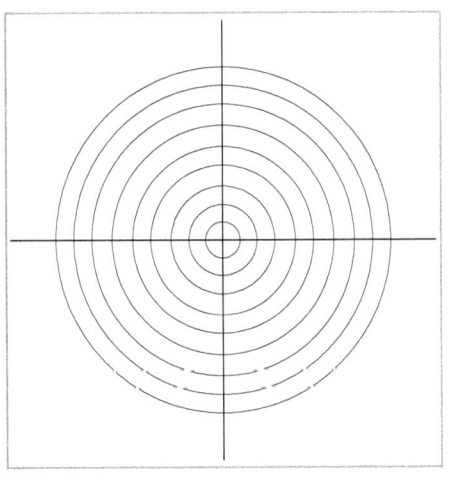 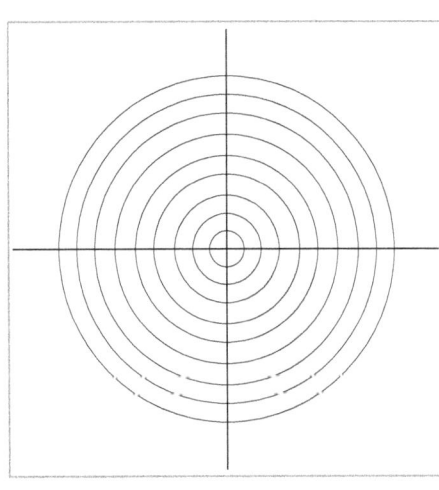

Distance : _____ Distance : _____
Target Size : _____ Target Size : _____

Location : _____ Date : _____
Firearm : _____ Time : _____

Scope Type :	
Ammunition :	
Seating Depth :	
Distance :	
Powder :	
Primer :	
Brass :	

Conditions :

_____
_____
_____

Overall Results :	

Notes :

_____
_____
_____
_____
_____
_____
_____
_____
_____
_____

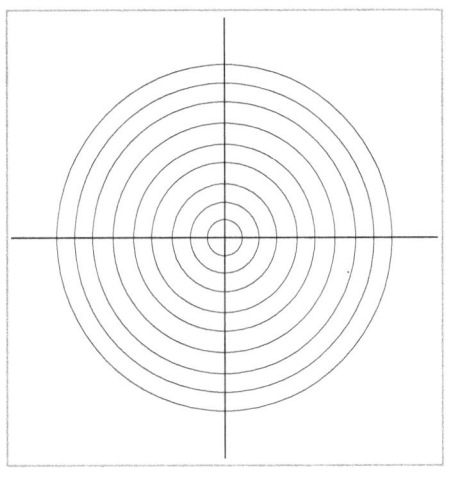
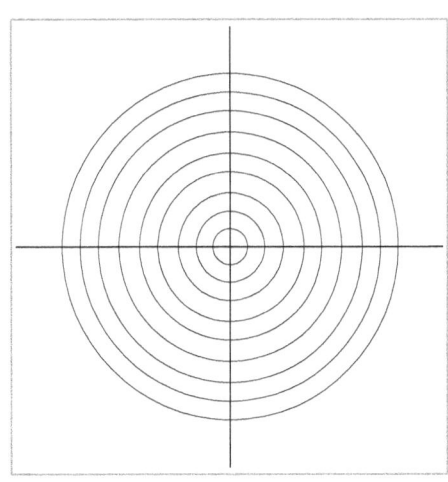

Distance : _____   Distance : _____
Target Size : _____   Target Size : _____

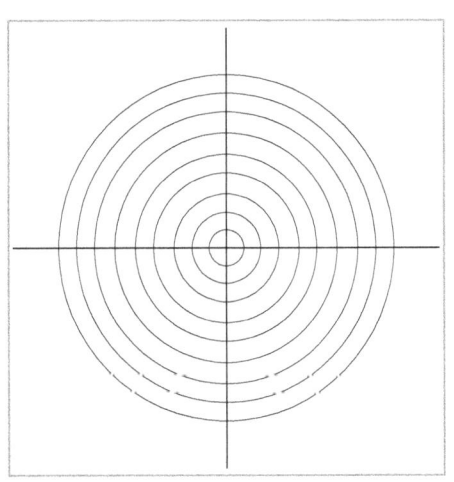
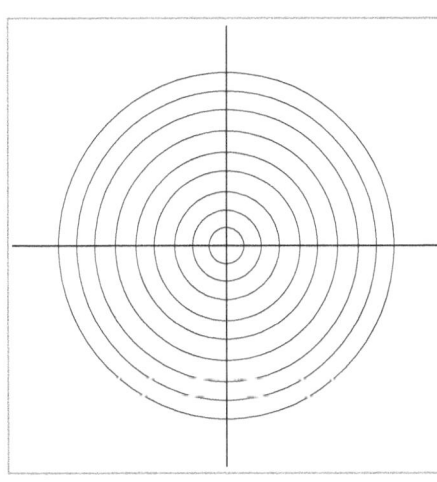

Distance : _____   Distance : _____
Target Size : _____   Target Size : _____

Location :

Firearm :

Date :

Time :

Scope Type :	
Ammunition :	
Seating Depth :	
Distance :	
Powder :	
Primer :	
Brass :	

Conditions :

Overall Results :

Notes :

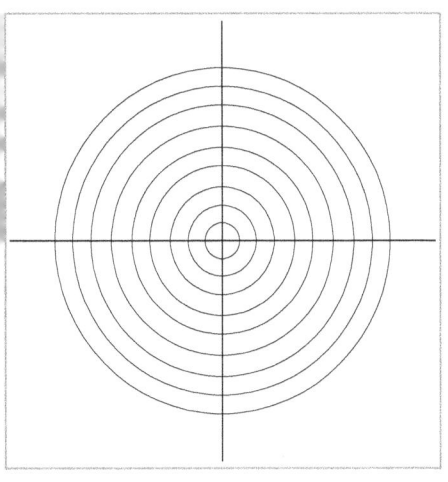
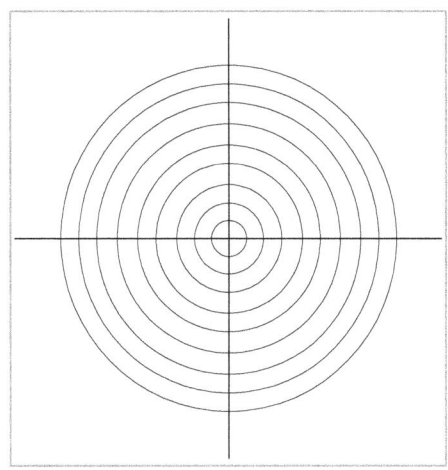

Distance :
Target Size :

Distance :
Target Size :

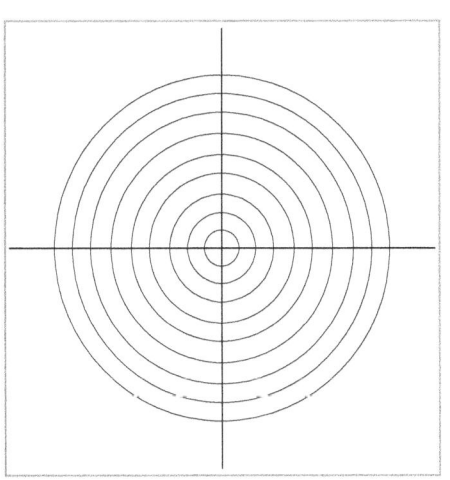
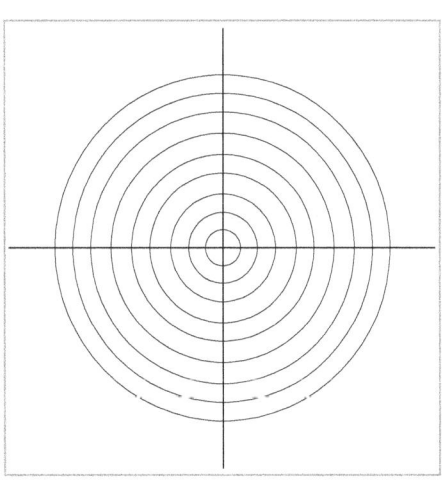

Distance :
Target Size :

Distance :
Target Size :

Location : _____

Firearm : _____

Date : _____

Time : _____

Scope Type :	
Ammunition :	
Seating Depth :	
Distance :	
Powder :	
Primer :	
Brass :	

Conditions :

_____

_____

_____

Overall Results :	

Notes :

_____

_____

_____

_____

_____

_____

_____

_____

_____

_____

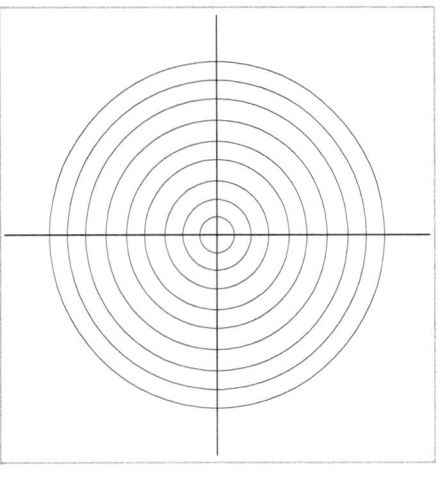
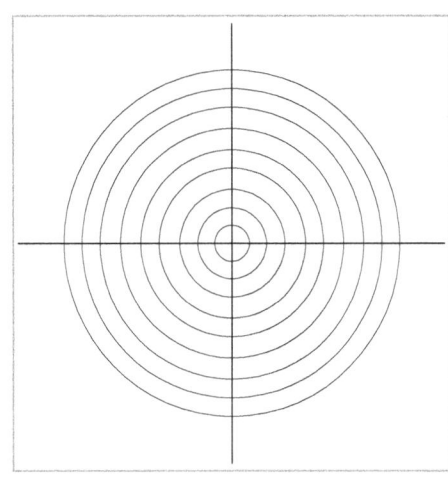

Distance :
Target Size :

Distance :
Target Size :

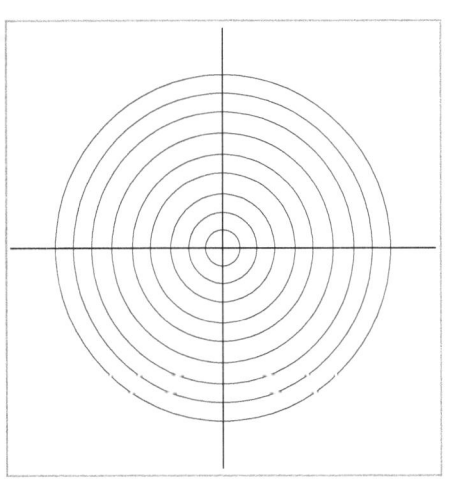
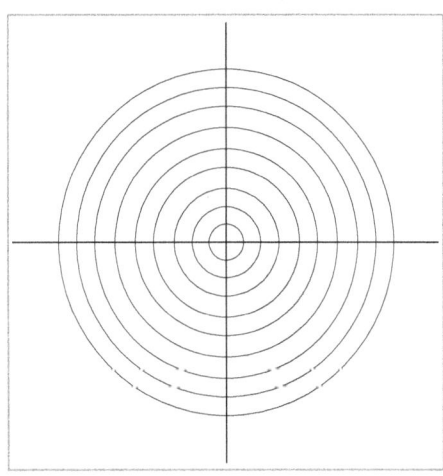

Distance :
Target Size :

Distance :
Target Size :

Location :

Firearm :

Date :

Time :

Scope Type :	
Ammunition :	
Seating Depth :	
Distance :	
Powder :	
Primer :	
Brass :	

Conditions :

Overall Results :	

Notes :

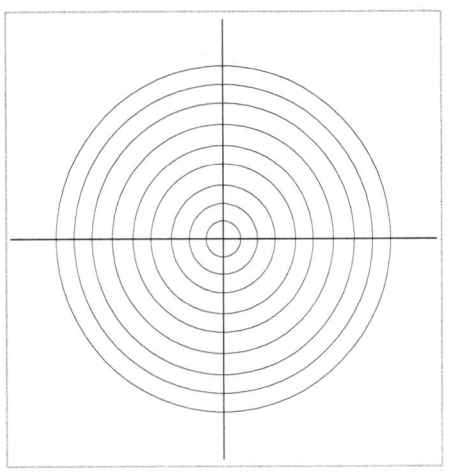
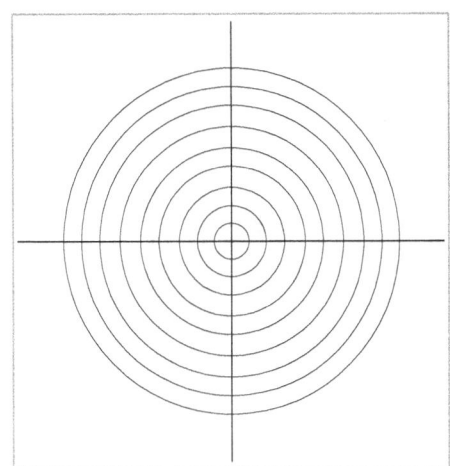

Distance :
Target Size :

Distance :
Target Size :

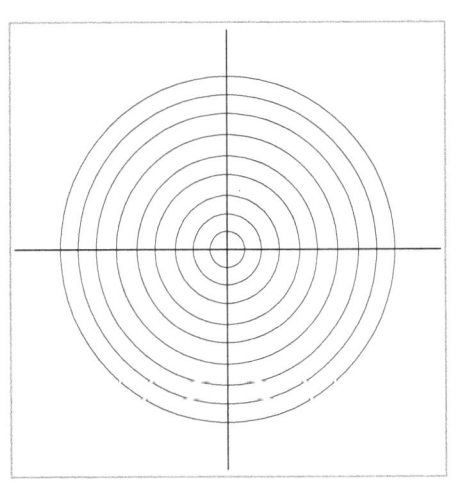
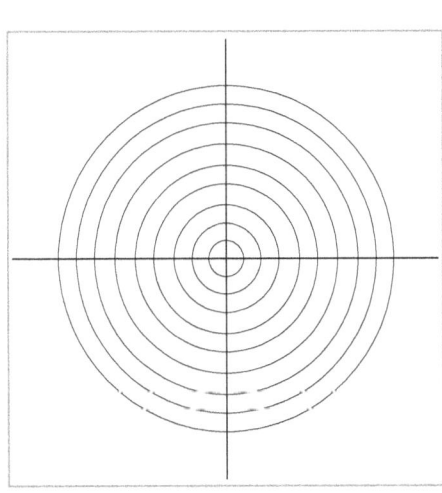

Distance :
Target Size :

Distance :
Target Size :

Location : _____   Date : _____
Firearm : _____   Time : _____

Scope Type :	
Ammunition :	
Seating Depth :	
Distance :	
Powder :	
Primer :	
Brass :	

Conditions :

_____
_____
_____

Overall Results :	

Notes :

_____
_____
_____
_____
_____
_____
_____
_____

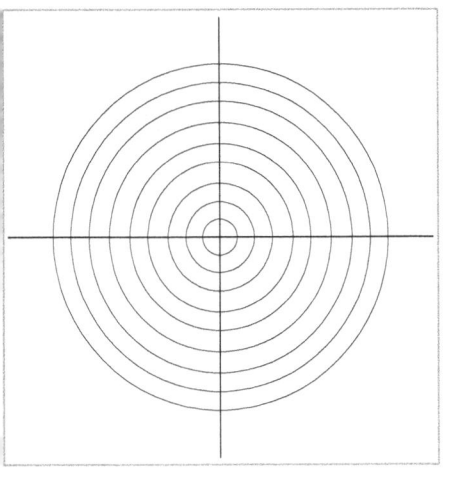
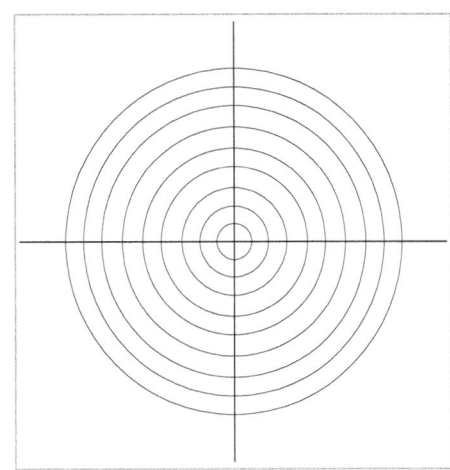

Distance : _____ Distance : _____
Target Size : _____ Target Size : _____

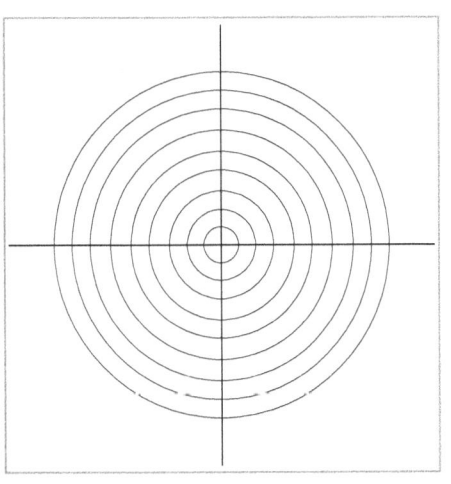
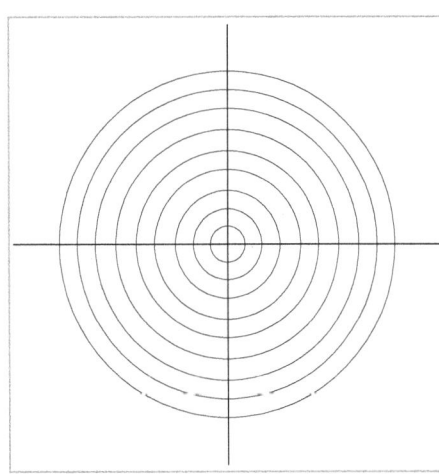

Distance : _____ Distance : _____
Target Size : _____ Target Size : _____

Location :

Firearm :

Date :

Time :

Scope Type :	
Ammunition :	
Seating Depth :	
Distance :	
Powder :	
Primer :	
Brass :	

Conditions :

Overall Results :	

Notes :

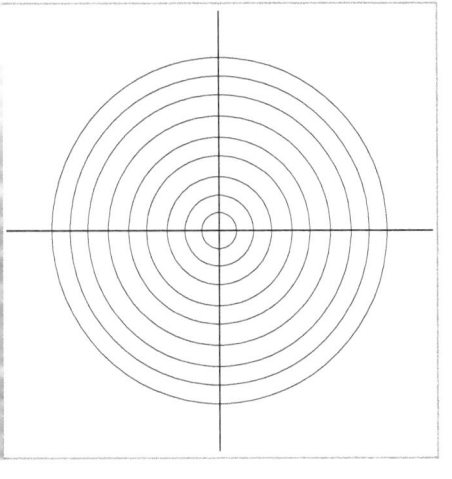
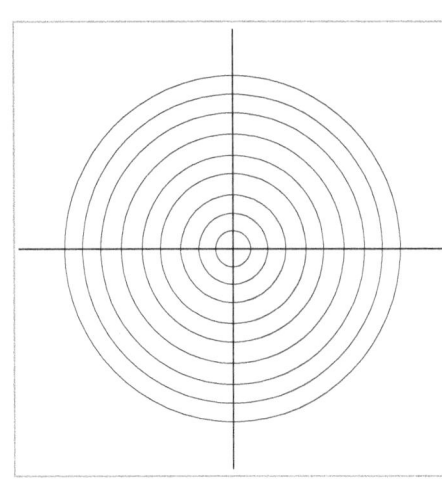

Distance : _____ Distance : _____
Target Size : _____ Target Size : _____

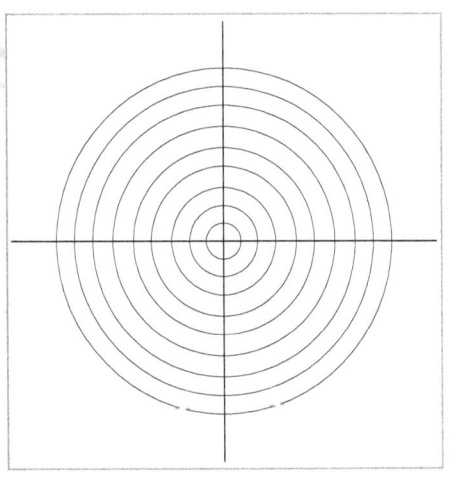

Distance : _____ Distance : _____
Target Size : _____ Target Size : _____

Location : _____ Date : _____
Firearm : _____   Time : _____

Scope Type :	
Ammunition :	
Seating Depth :	
Distance :	
Powder :	
Primer :	
Brass :	

Conditions :
_____
_____
_____

Overall Results :	

Notes :
_____
_____
_____
_____
_____
_____
_____
_____
_____

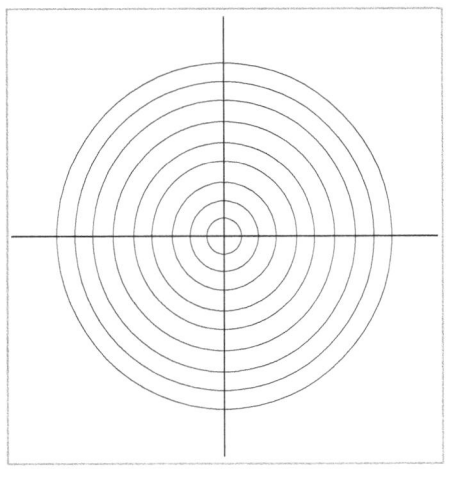
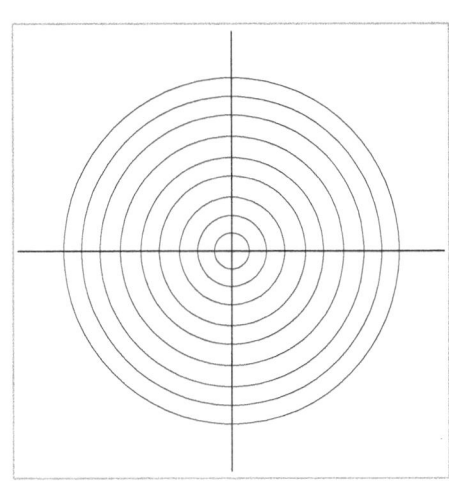

Distance :   Distance :

Target Size :   Target Size :

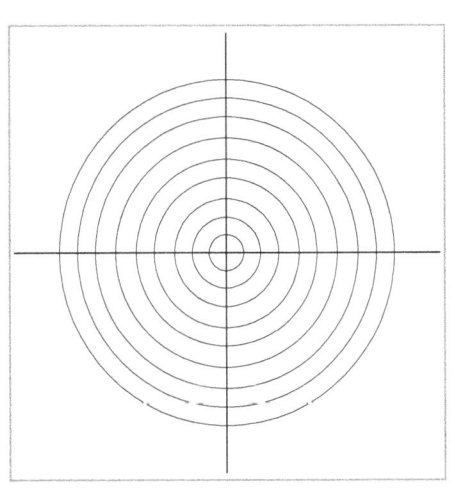
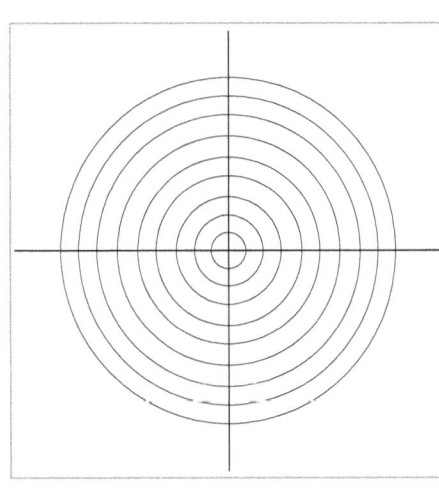

Distance :   Distance :

Target Size :   Target Size :

Location : ....

Firearm : ....

Date :

Time :

Scope Type :	
Ammunition :	
Seating Depth :	
Distance :	
Powder :	
Primer :	
Brass :	

Conditions :

Overall Results :	

Notes :

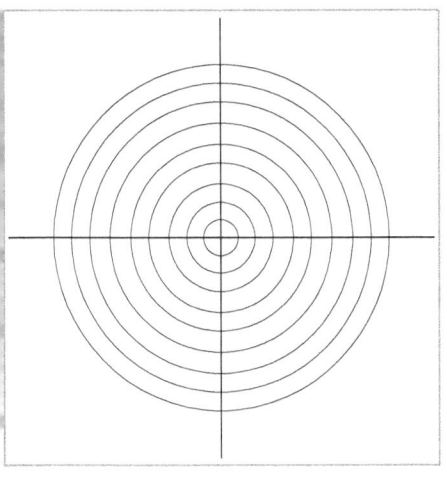
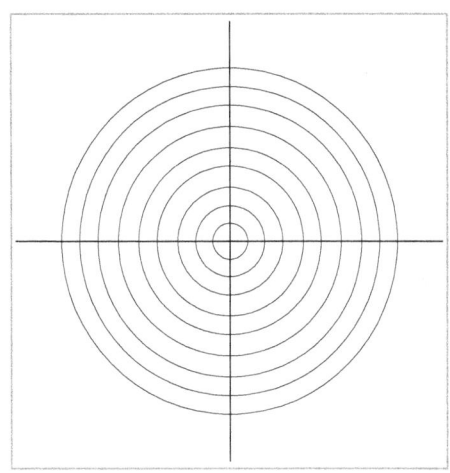

Distance :
Target Size :

Distance :
Target Size :

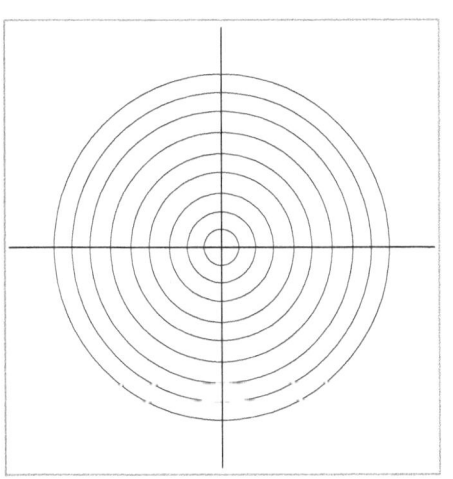
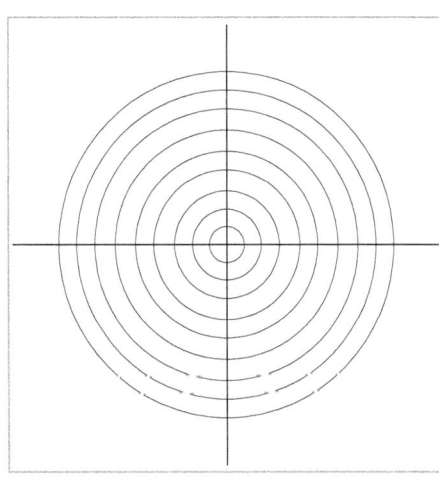

Distance :
Target Size :

Distance :
Target Size :

Location :

Firearm :

Date :

Time :

Scope Type :	
Ammunition :	
Seating Depth :	
Distance :	
Powder :	
Primer :	
Brass :	

Conditions :

Overall Results :	

Notes :

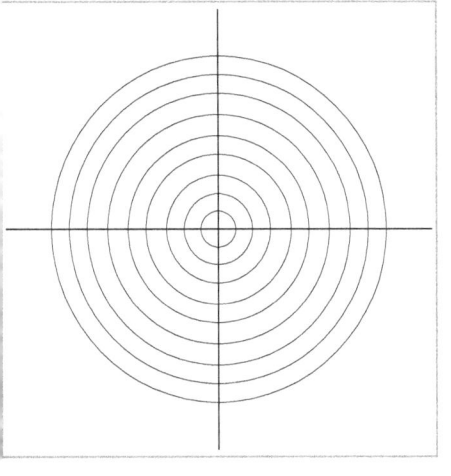
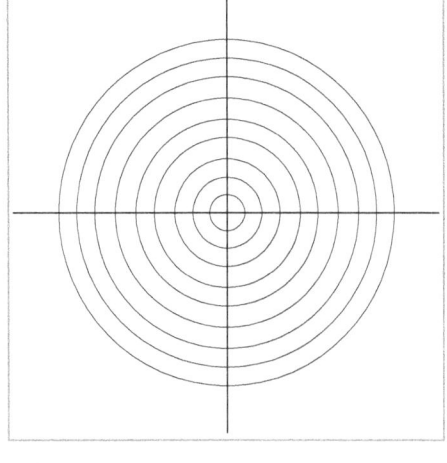

Distance :
Target Size :

Distance :
Target Size :

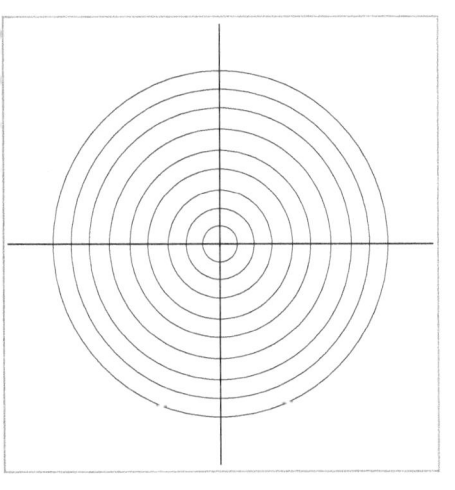
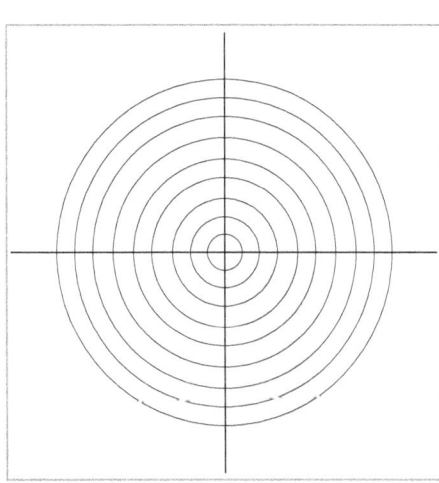

Distance :
Target Size :

Distance :
Target Size :

Location :

Firearm :

Date :

Time :

Scope Type :	
Ammunition :	
Seating Depth :	
Distance :	
Powder :	
Primer :	
Brass :	

Conditions :

Overall Results :	

Notes :

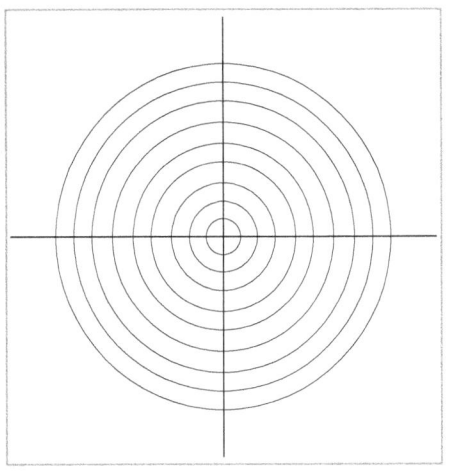
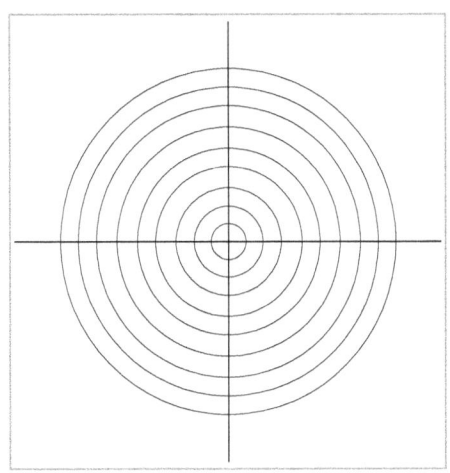

Distance : _____   Distance : _____
Target Size : _____   Target Size : _____

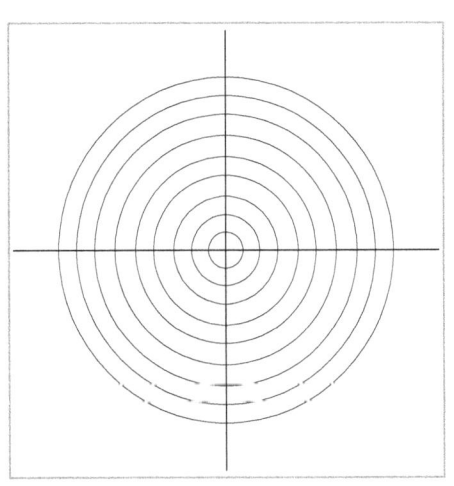
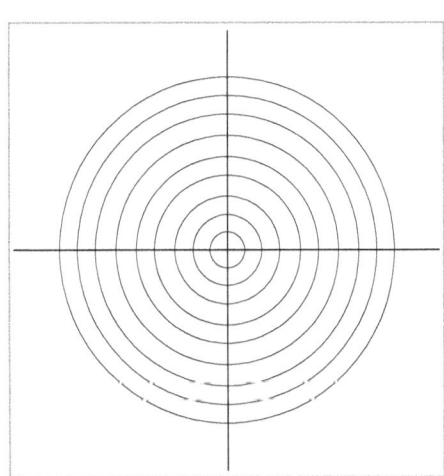

Distance : _____   Distance : _____
Target Size : _____   Target Size : _____

Location :

Firearm :

Date :

Time :

Scope Type :	
Ammunition :	
Seating Depth :	
Distance :	
Powder :	
Primer :	
Brass :	

Conditions :

Overall Results :	

Notes :

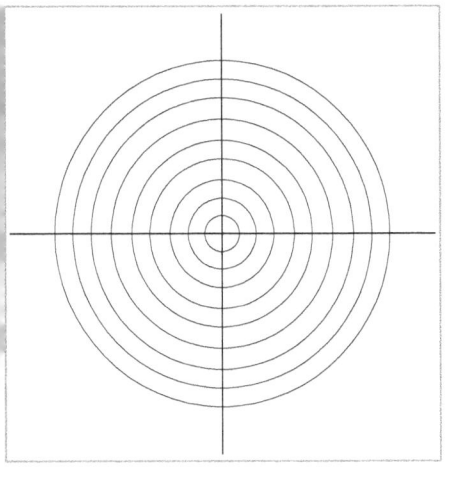
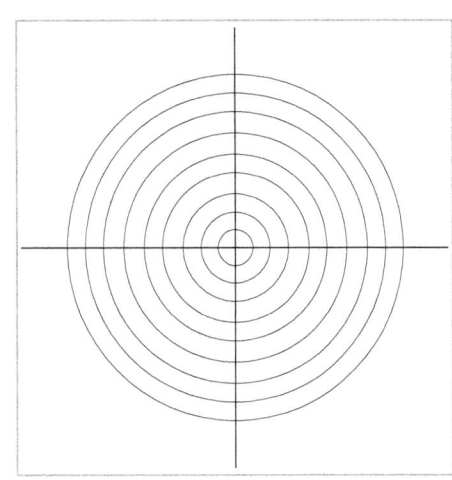

Distance :
Target Size :

Distance :
Target Size :

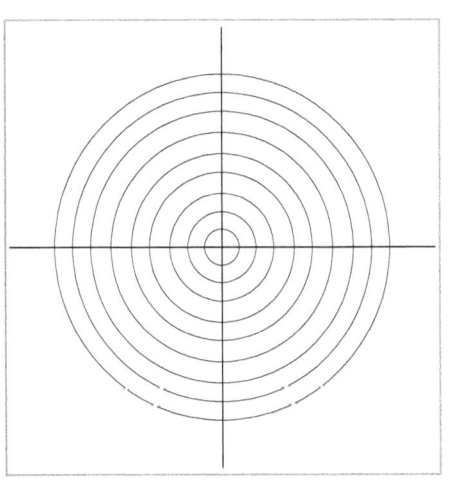
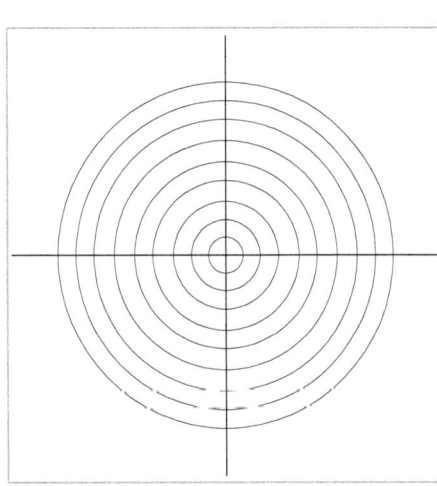

Distance :
Target Size :

Distance :
Target Size :

Location :

Firearm :

Date :

Time :

Scope Type :	
Ammunition :	
Seating Depth :	
Distance :	
Powder :	
Primer :	
Brass :	

Conditions :

Overall Results :	

Notes :

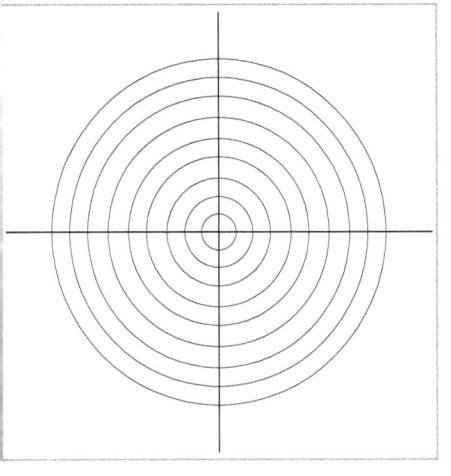
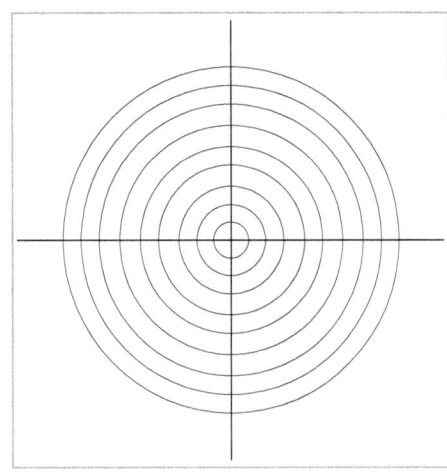

Distance : _____   Distance : _____
Target Size : _____   Target Size : _____

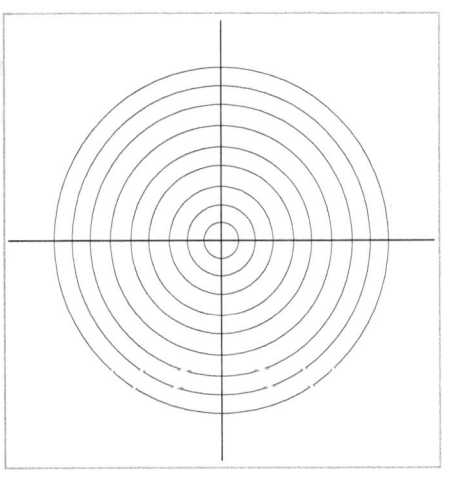
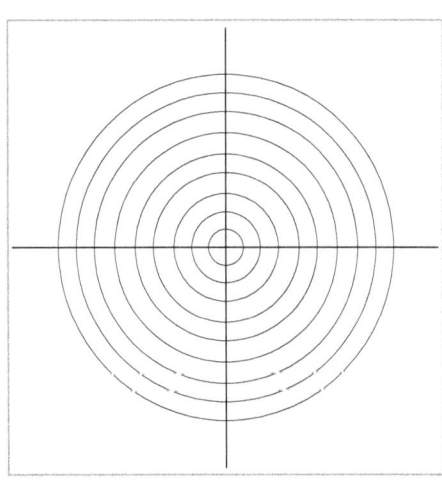

Distance : _____   Distance : _____
Target Size : _____   Target Size : _____

Location :

Firearm :

Date :

Time :

Scope Type :	
Ammunition :	
Seating Depth :	
Distance :	
Powder :	
Primer :	
Brass :	

Conditions :

Overall Results :	

Notes :

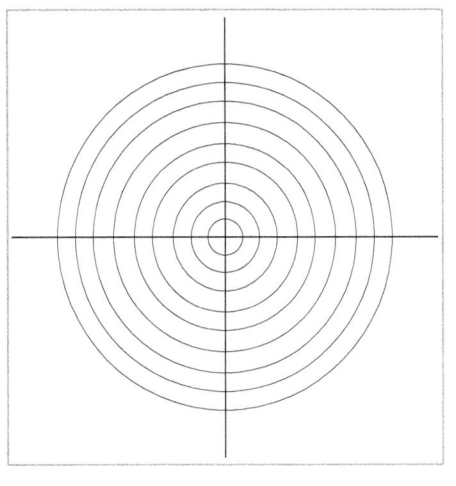
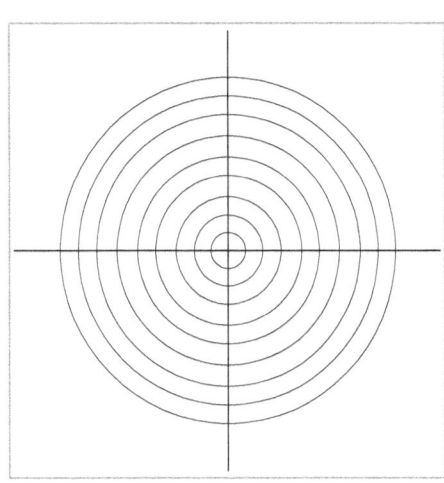

Distance : _____   Distance : _____
Target Size : _____   Target Size : _____

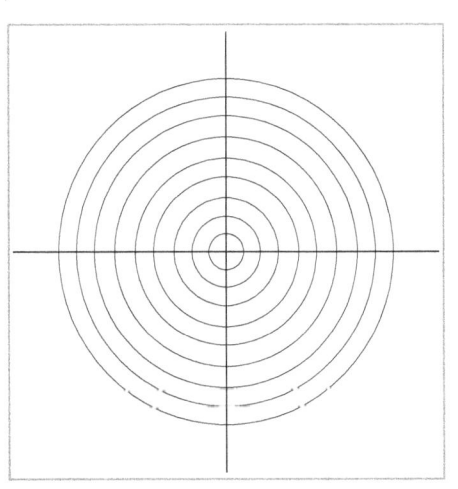
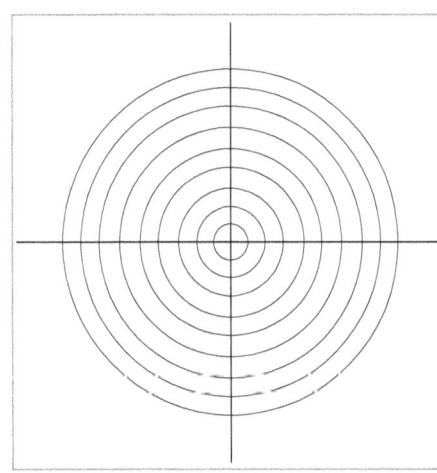

Distance : _____   Distance : _____
Target Size : _____   Target Size : _____

Location :		Date :	
Firearm :		Time :	

Scope Type :	
Ammunition :	
Seating Depth :	
Distance :	
Powder :	
Primer :	
Brass :	

Conditions :

Overall Results :	

Notes :

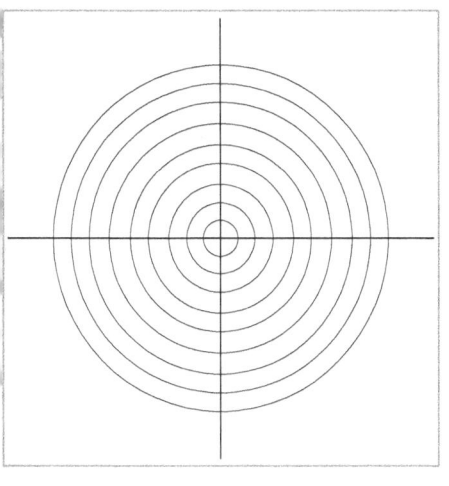
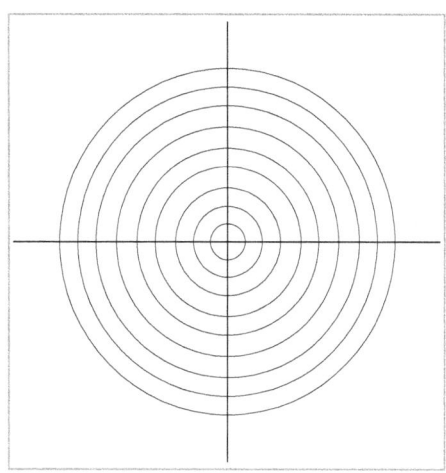

Distance :
Target Size :

Distance :
Target Size :

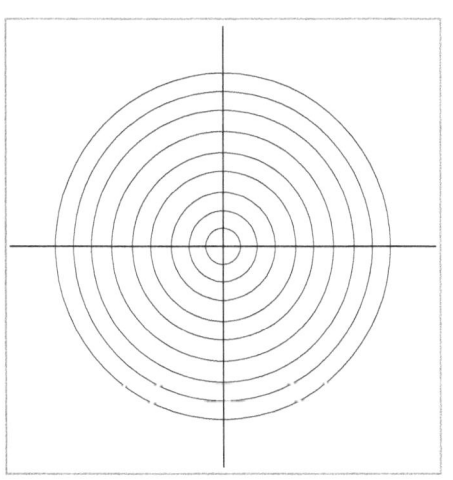
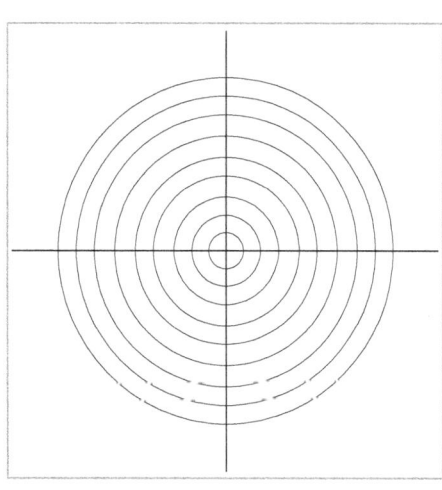

Distance :
Target Size :

Distance :
Target Size :

Location :

Firearm :

| Date : | |
| Time : | |

Scope Type :	
Ammunition :	
Seating Depth :	
Distance :	
Powder :	
Primer :	
Brass :	

Conditions :

Overall Results :	

Notes :

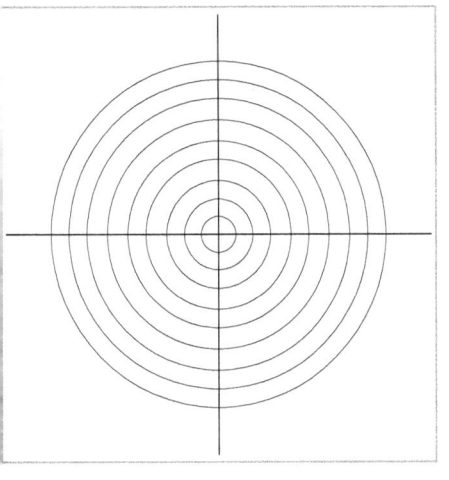
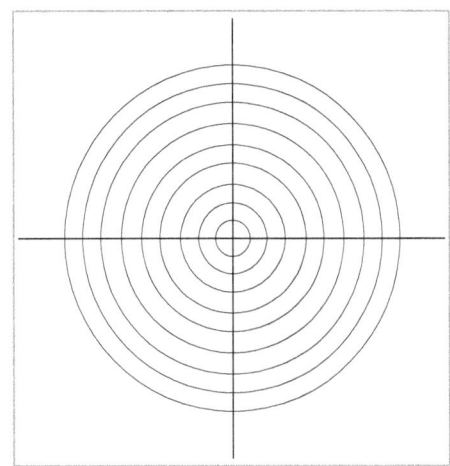

Distance : _____   Distance : _____
Target Size : _____   Target Size : _____

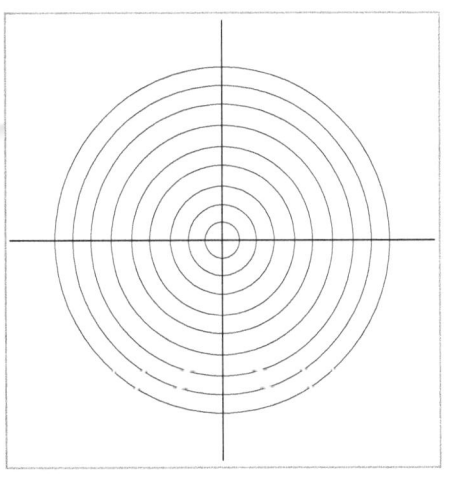
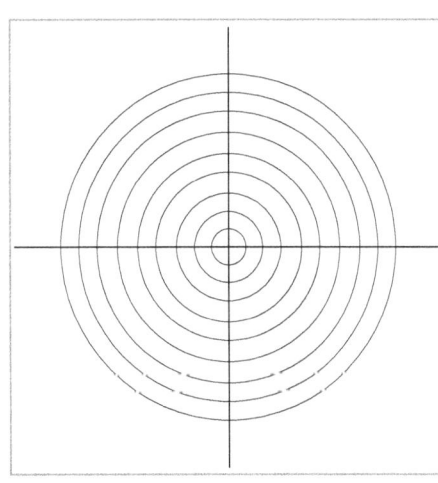

Distance : _____   Distance : _____
Target Size : _____   Target Size : _____

Location :

Firearm :

Date :

Time :

Scope Type :	
Ammunition :	
Seating Depth :	
Distance :	
Powder :	
Primer :	
Brass :	

Conditions :

Overall Results :	

Notes :

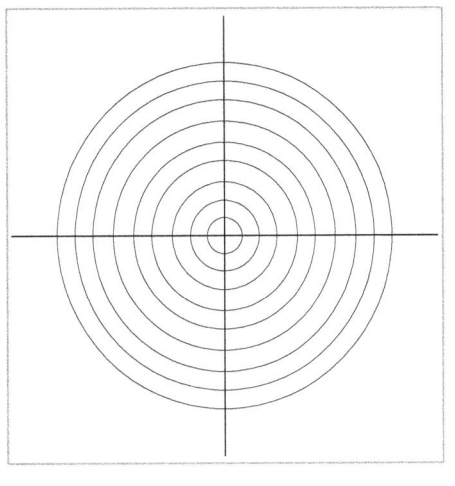
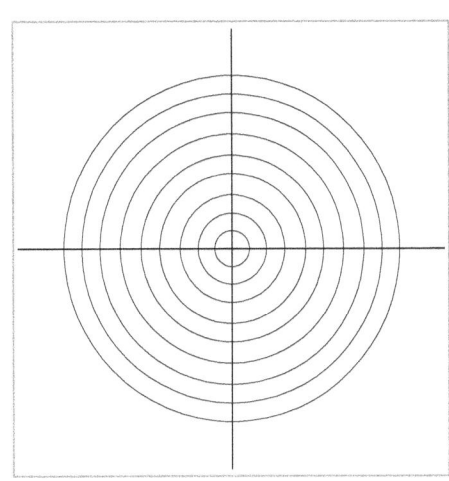

Distance :
Target Size :

Distance :
Target Size :

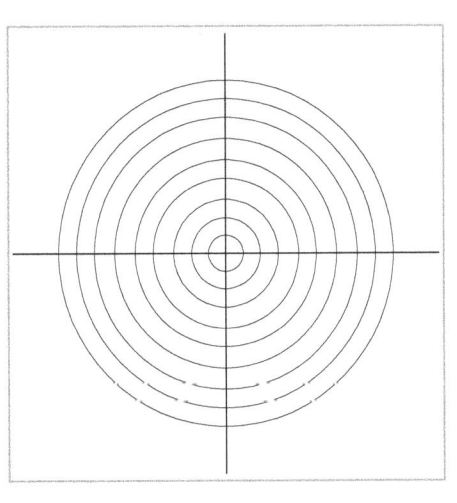
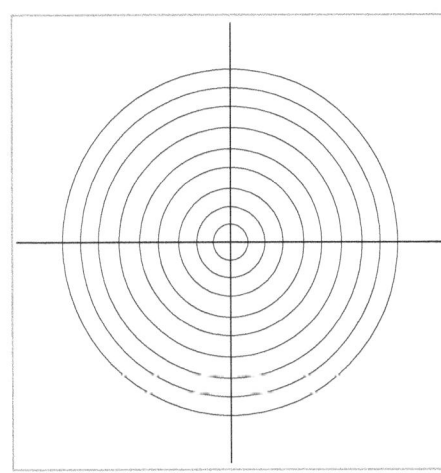

Distance :
Target Size :

Distance :
Target Size :

Location :

Firearm :

Date :	
Time :	

Scope Type :	
Ammunition :	
Seating Depth :	
Distance :	
Powder :	
Primer :	
Brass :	

Conditions :

Overall Results :	

Notes :

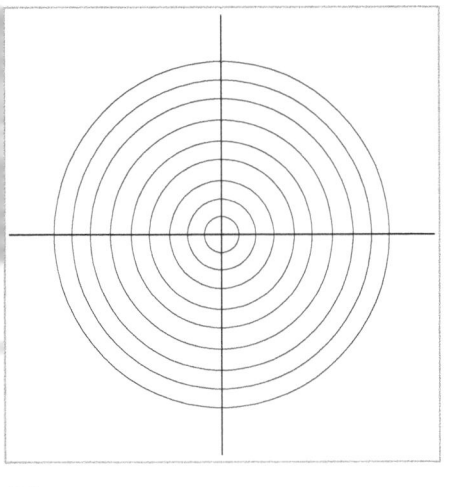
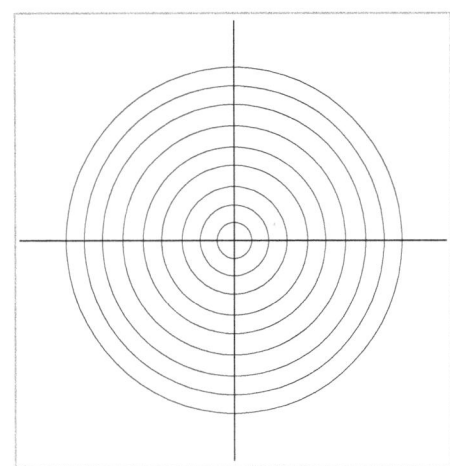

Distance :
Target Size :

Distance :
Target Size :

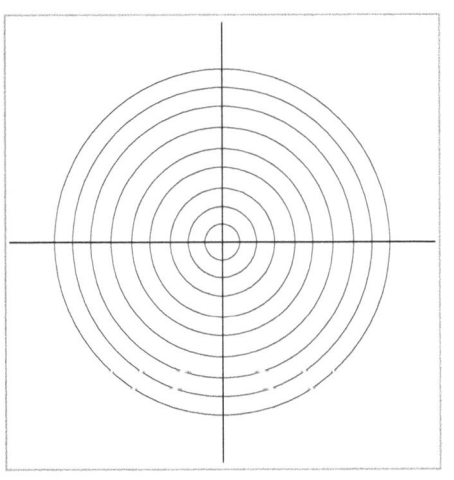
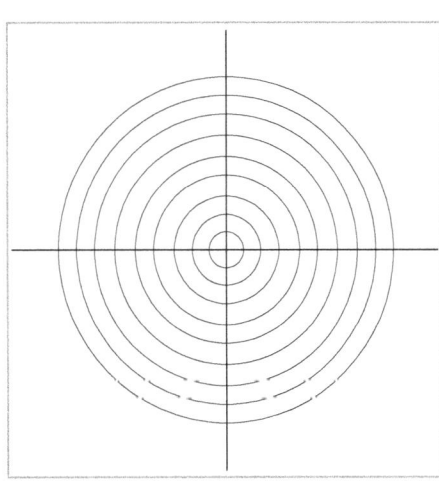

Distance :
Target Size :

Distance :
Target Size :

Location :

Firearm :

Date :

Time :

Scope Type :	
Ammunition :	
Seating Depth :	
Distance :	
Powder :	
Primer :	
Brass :	

Conditions :

Overall Results :	

Notes :

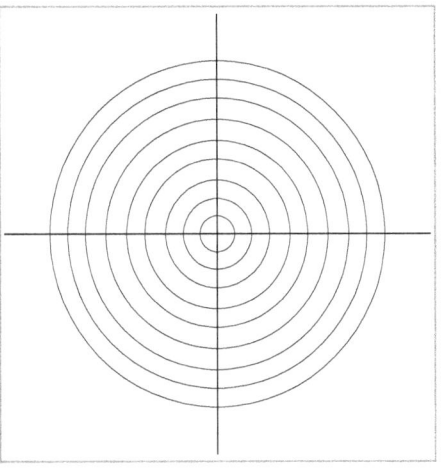
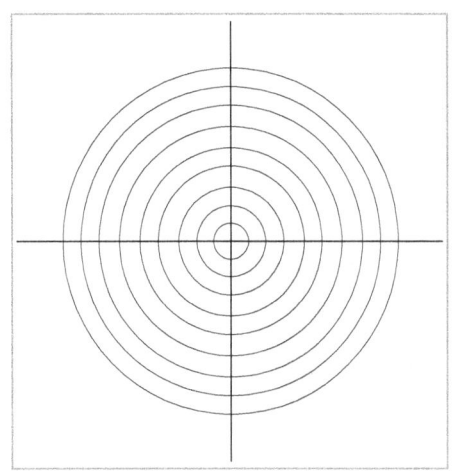

Distance : _____ Distance : _____
Target Size : _____ Target Size : _____

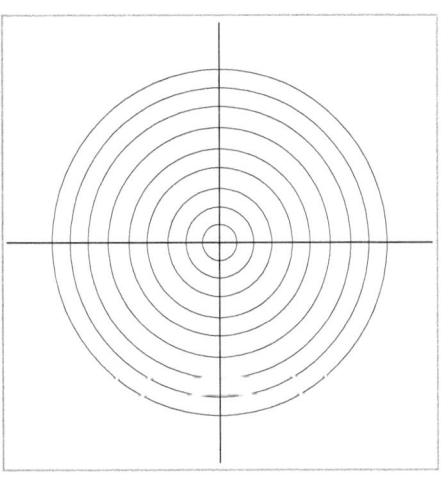
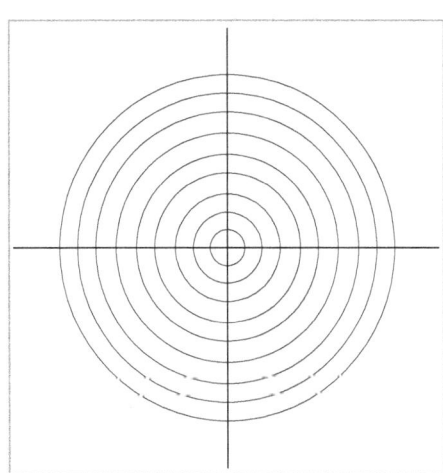

Distance : _____ Distance : _____
Target Size : _____ Target Size : _____

Location :

Firearm :

Date :

Time :

Scope Type :	
Ammunition :	
Seating Depth :	
Distance :	
Powder :	
Primer :	
Brass :	

Conditions :

Overall Results :	

Notes :

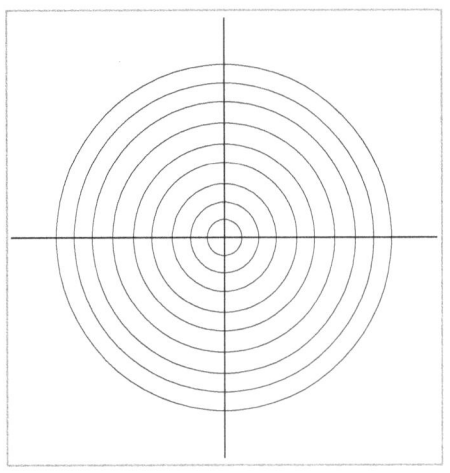

Distance :
Target Size :

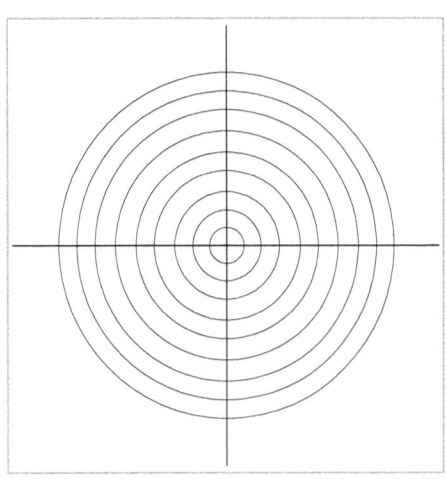

Distance :
Target Size :

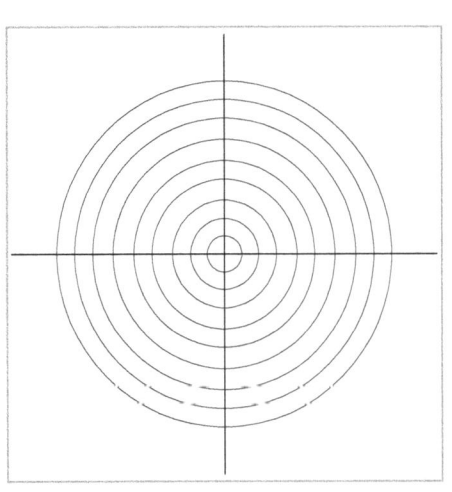

Distance :
Target Size :

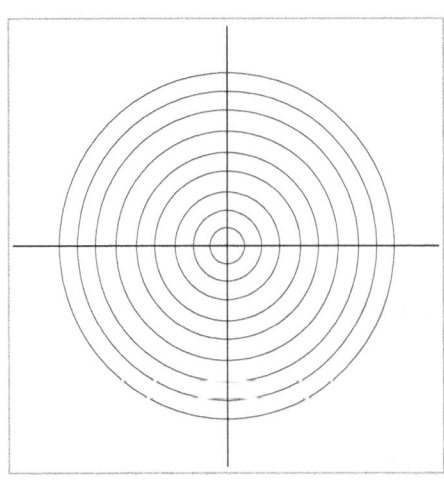

Distance :
Target Size :

Location : _____

Firearm : _____

Date :

Time :

Scope Type :	
Ammunition :	
Seating Depth :	
Distance :	
Powder :	
Primer :	
Brass :	

Conditions :

_____
_____
_____

Overall Results :	

Notes :

_____
_____
_____
_____
_____
_____
_____
_____
_____
_____

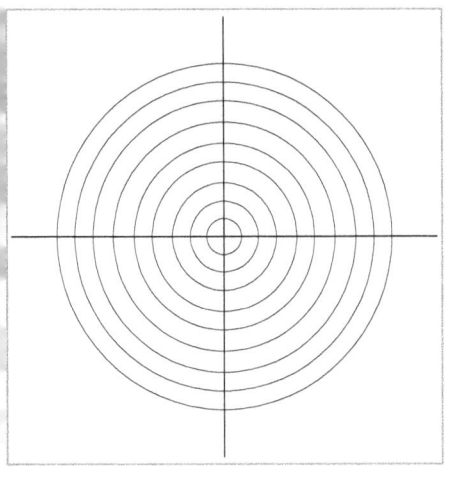

Distance :
Target Size :

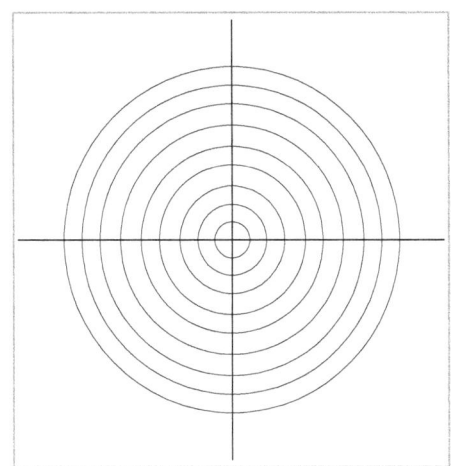

Distance :
Target Size :

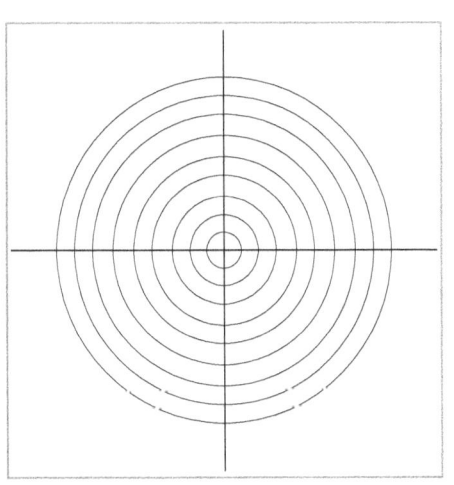

Distance :
Target Size :

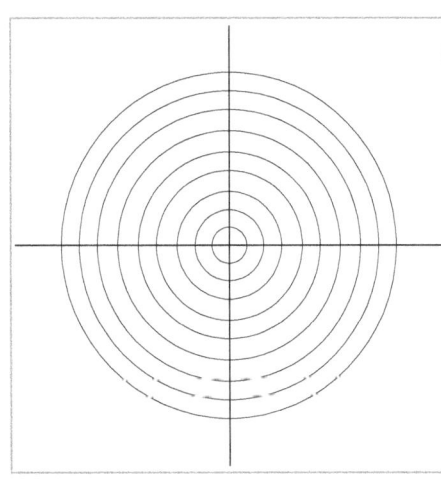

Distance :
Target Size :

Location :

Firearm :

Date :

Time :

Scope Type :	
Ammunition :	
Seating Depth :	
Distance :	
Powder :	
Primer :	
Brass :	

Conditions :

Overall Results :	

Notes :

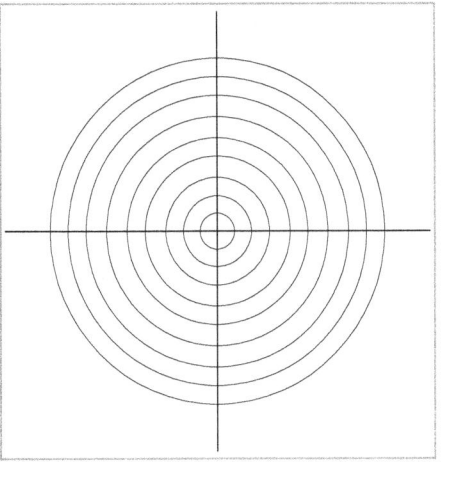
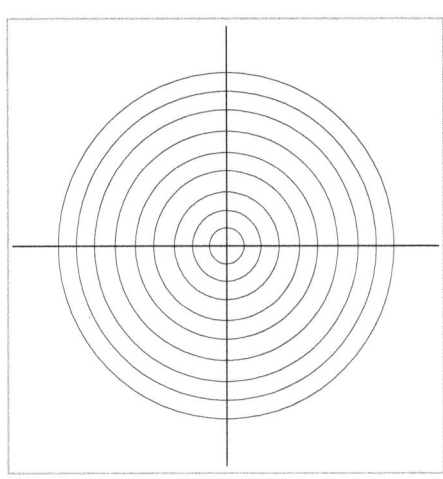

Distance :
Target Size :

Distance :
Target Size :

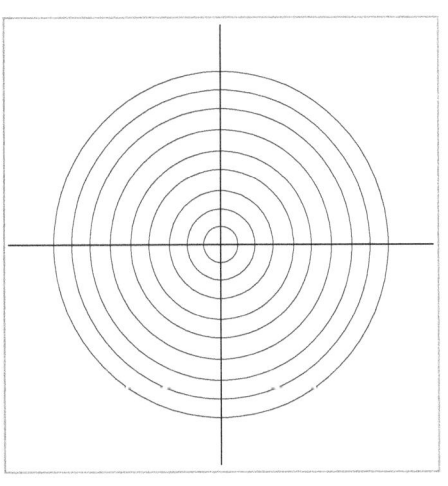
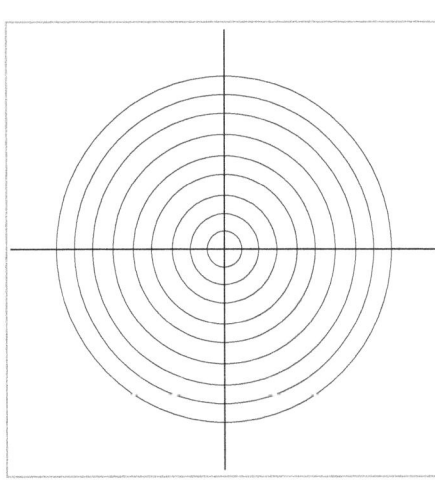

Distance :
Target Size :

Distance :
Target Size :

Location :

Firearm :

Date :

Time :

Scope Type :	
Ammunition :	
Seating Depth :	
Distance :	
Powder :	
Primer :	
Brass :	

Conditions :

Overall Results :	

Notes :

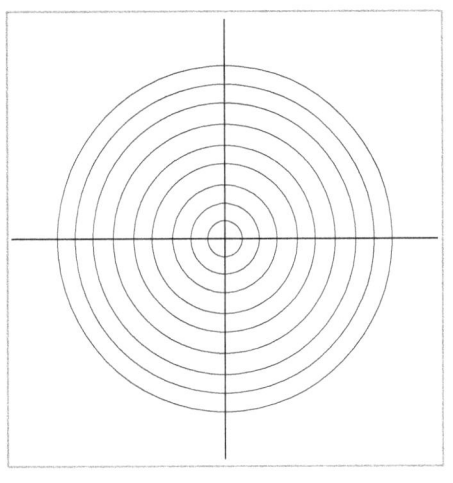
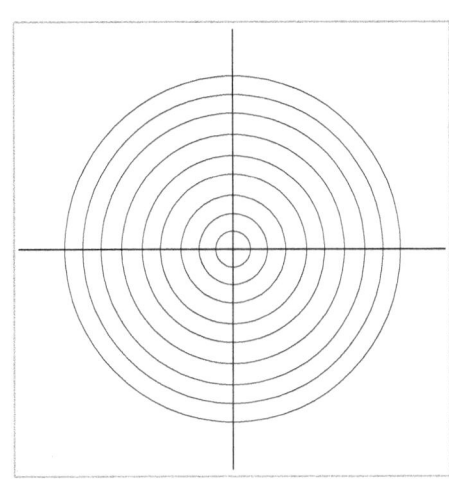

Distance :
Target Size :

Distance :
Target Size :

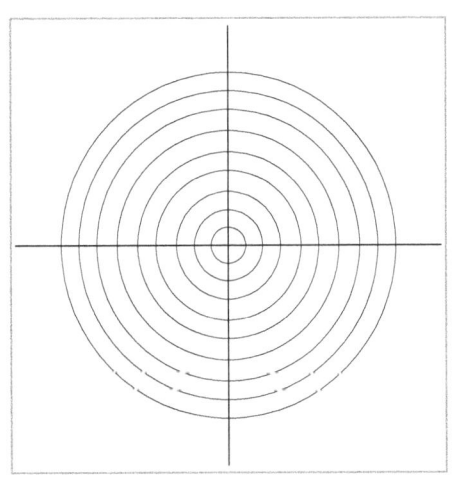
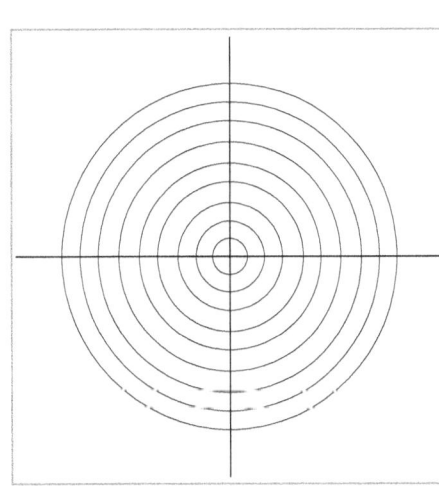

Distance :
Target Size :

Distance :
Target Size :

Location :

Firearm :

Date :

Time :

Scope Type :	
Ammunition :	
Seating Depth :	
Distance :	
Powder :	
Primer :	
Brass :	

Conditions :

Overall Results :	

Notes :

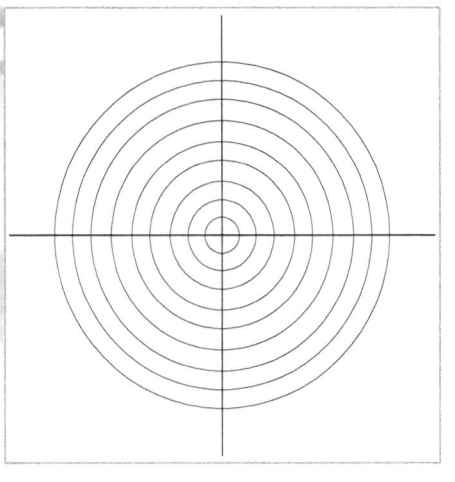
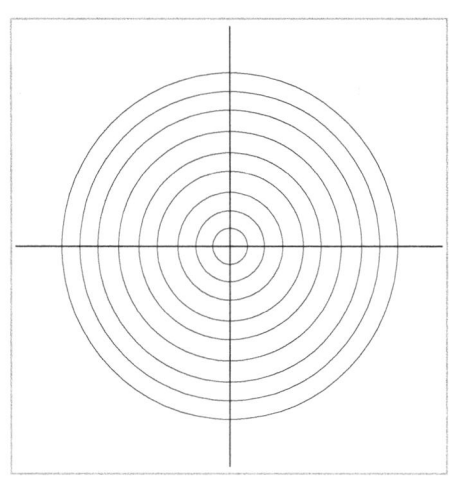

Distance : _____   Distance : _____
Target Size : _____   Target Size : _____

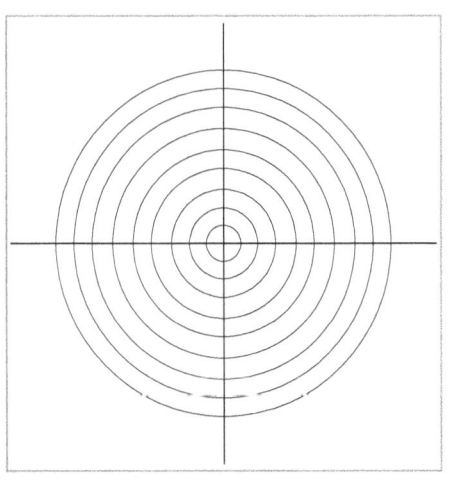
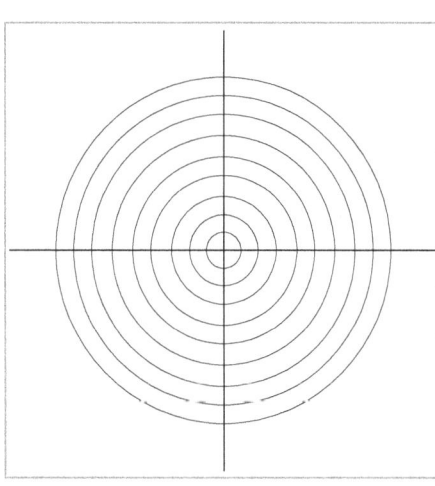

Distance : _____   Distance : _____
Target Size : _____   Target Size : _____

Location :

Firearm :

Date :

Time :

Scope Type :	
Ammunition :	
Seating Depth :	
Distance :	
Powder :	
Primer :	
Brass :	

Conditions :

Overall Results :

Notes :

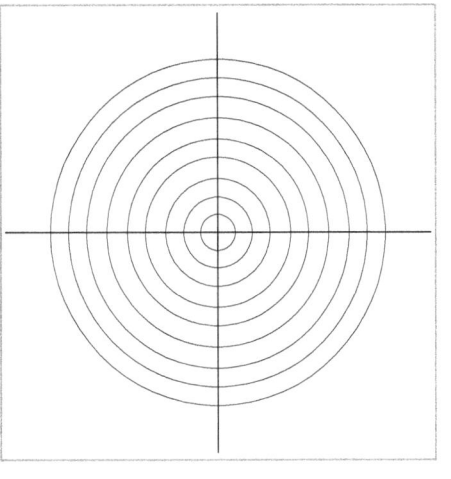
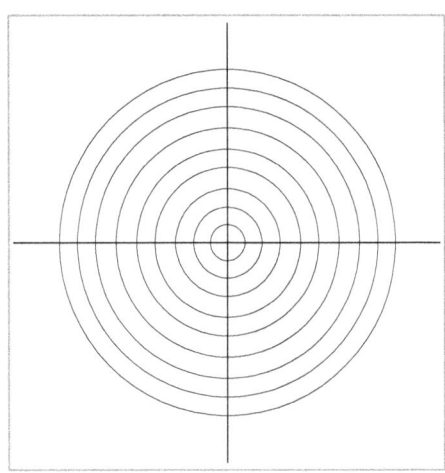

Distance :

Target Size :

Distance :

Target Size :

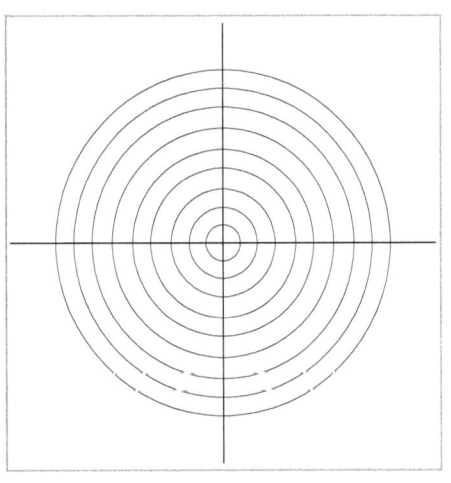
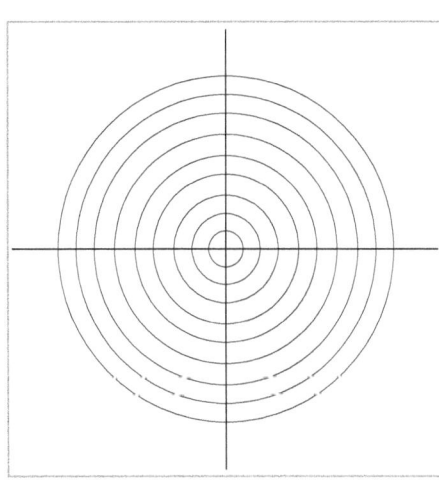

Distance :

Target Size :

Distance :

Target Size :

Location :

Firearm :

Date :

Time :

Scope Type :	
Ammunition :	
Seating Depth :	
Distance :	
Powder :	
Primer :	
Brass :	

Conditions :

Overall Results :	

Notes :

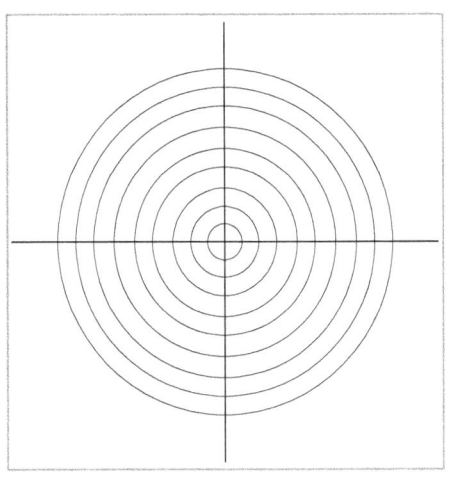
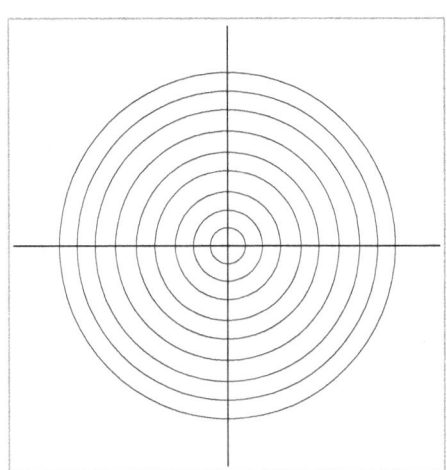

Distance :
Target Size :

Distance :
Target Size :

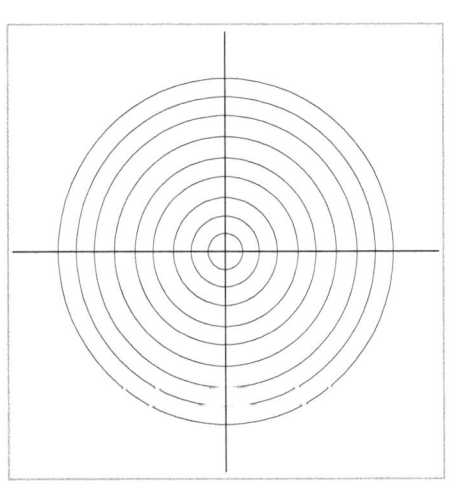
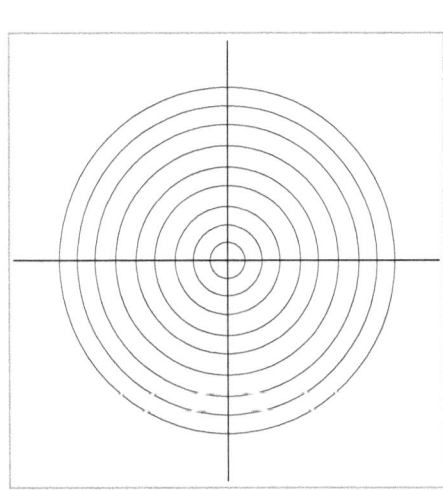

Distance :
Target Size :

Distance :
Target Size :

Location : 　　　　　　　　　　　　　　　Date :
Firearm : 　　　　　　　　　　　　　　　Time :

Scope Type :	
Ammunition :	
Seating Depth :	
Distance :	
Powder :	
Primer :	
Brass :	

Conditions :

Overall Results :

Notes :

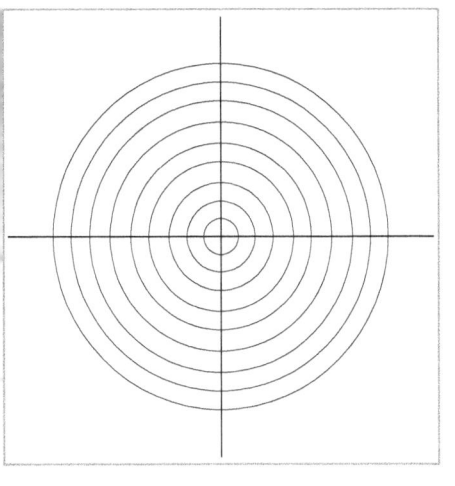
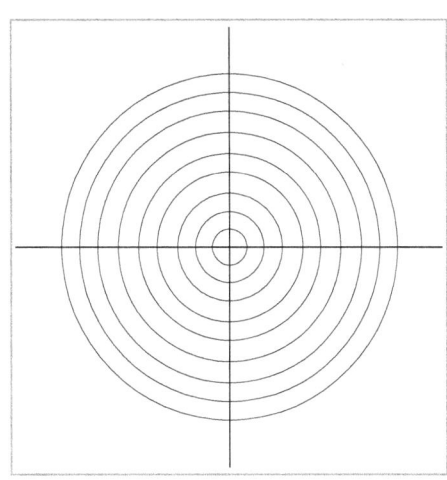

Distance :
Target Size :

Distance :
Target Size :

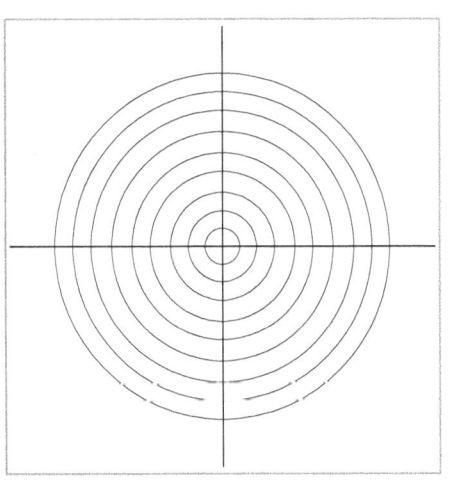
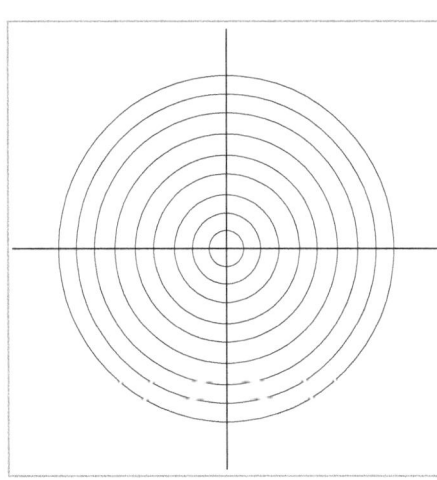

Distance :
Target Size :

Distance :
Target Size :

Location :

Firearm :

Date :

Time :

Scope Type :	
Ammunition :	
Seating Depth :	
Distance :	
Powder :	
Primer :	
Brass :	

Conditions :

Overall Results :	

Notes :

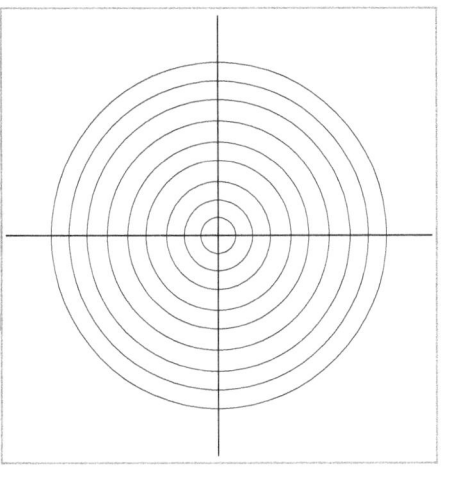
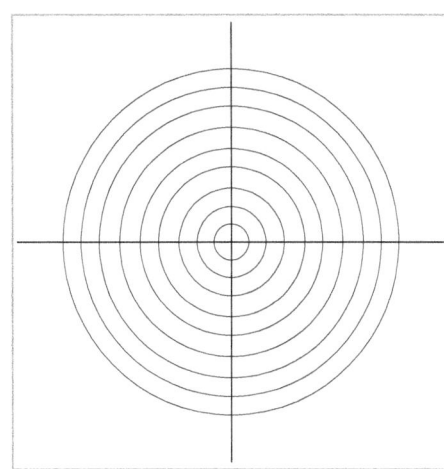

Distance :
Target Size :

Distance :
Target Size :

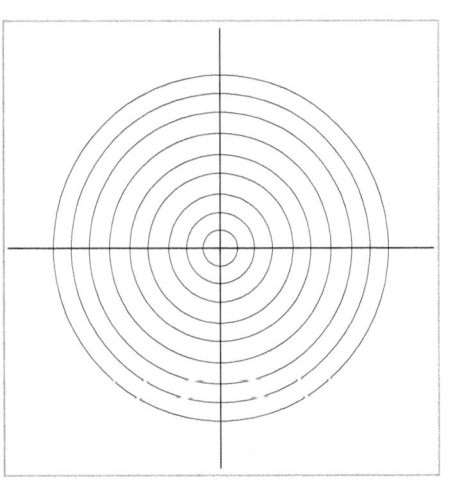
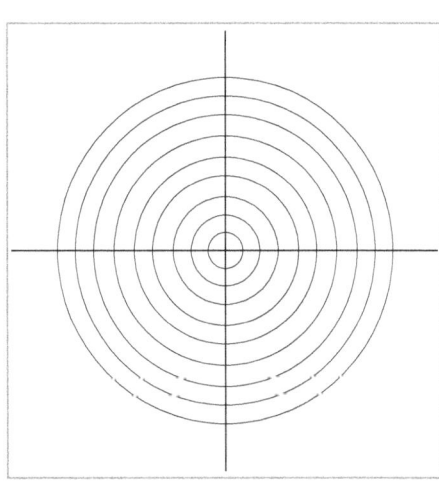

Distance :
Target Size :

Distance :
Target Size :

Location :

Firearm :

Date :

Time :

Scope Type :	
Ammunition :	
Seating Depth :	
Distance :	
Powder :	
Primer :	
Brass :	

Conditions :

Overall Results :	

Notes :

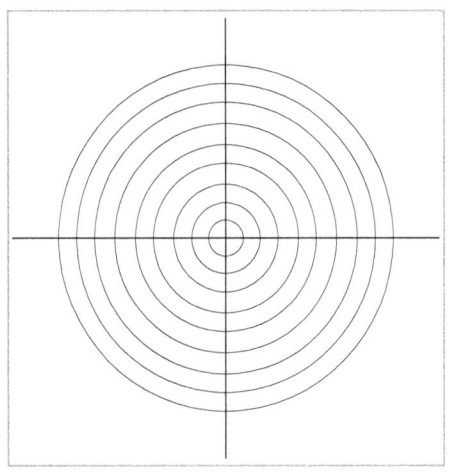
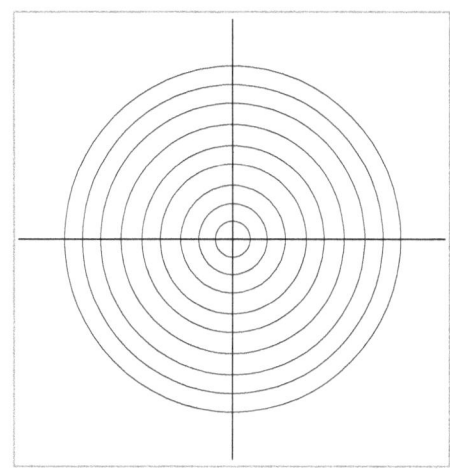

Distance :
Target Size :

Distance :
Target Size :

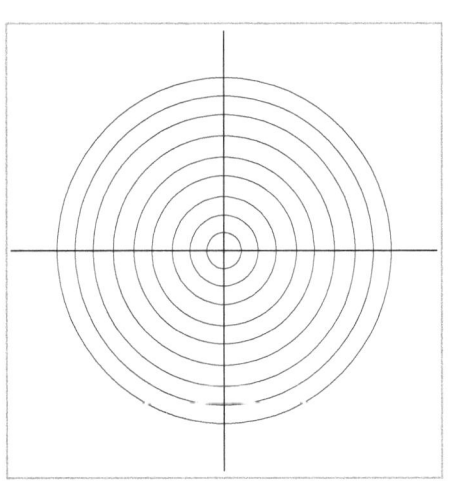
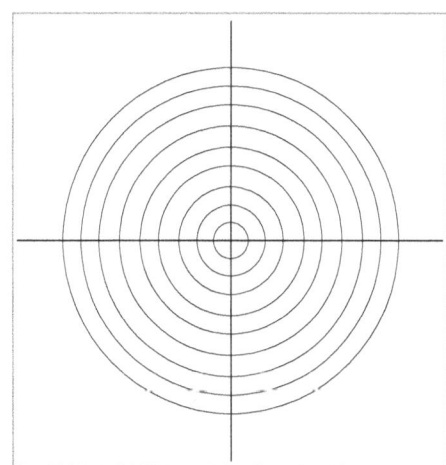

Distance :
Target Size :

Distance :
Target Size :

Location : _____

Firearm : _____

Date : _____

Time : _____

Scope Type :	
Ammunition :	
Seating Depth :	
Distance :	
Powder :	
Primer :	
Brass :	

Conditions :

_____
_____
_____

Overall Results :	

Notes :

_____
_____
_____
_____
_____
_____
_____
_____
_____

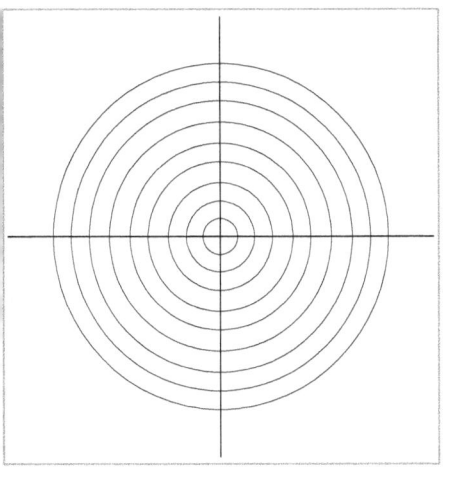 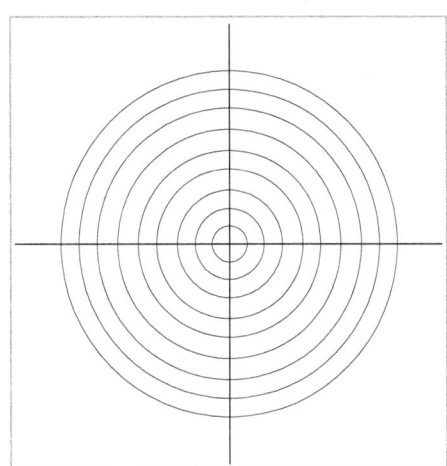

Distance : _____   Distance : _____
Target Size : _____   Target Size : _____

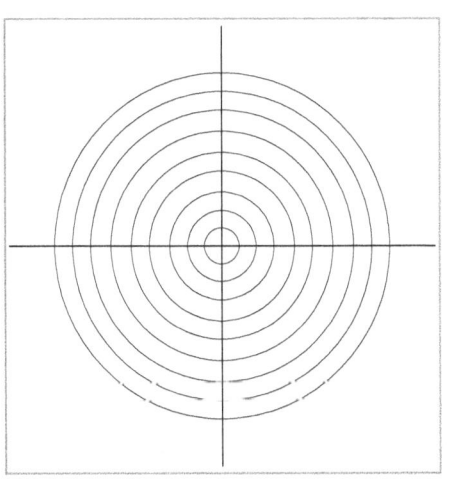 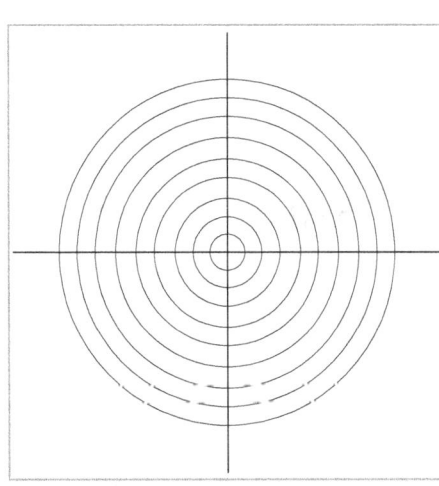

Distance : _____   Distance : _____
Target Size : _____   Target Size : _____

Location :

Firearm :

Date :

Time :

Scope Type :	
Ammunition :	
Seating Depth :	
Distance :	
Powder :	
Primer :	
Brass :	

Conditions :

Overall Results :	

Notes :

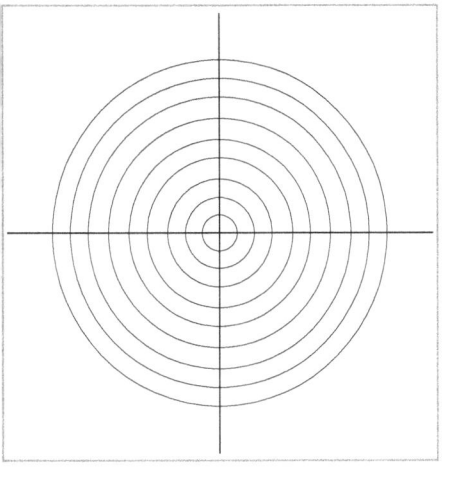

Distance :
Target Size :

Distance :
Target Size :

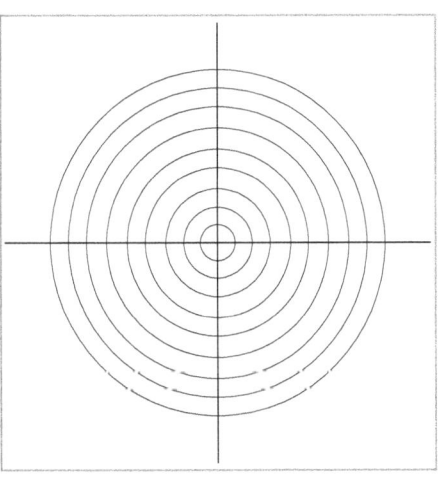

Distance :
Target Size :

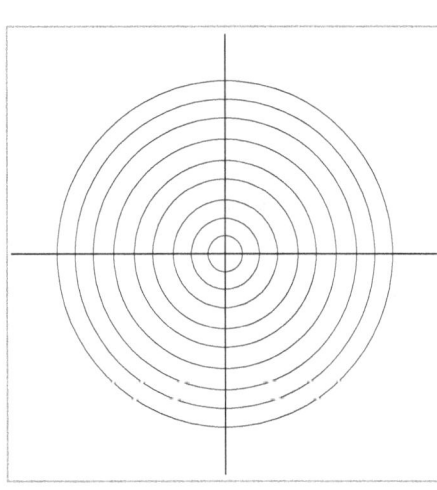

Distance :
Target Size :

Location :

Firearm :

Date :

Time :

Scope Type :	
Ammunition :	
Seating Depth :	
Distance :	
Powder :	
Primer :	
Brass :	

Conditions :

Overall Results :	

Notes :

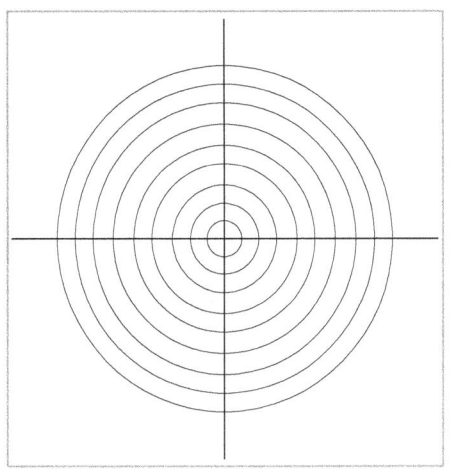

Distance :
Target Size :

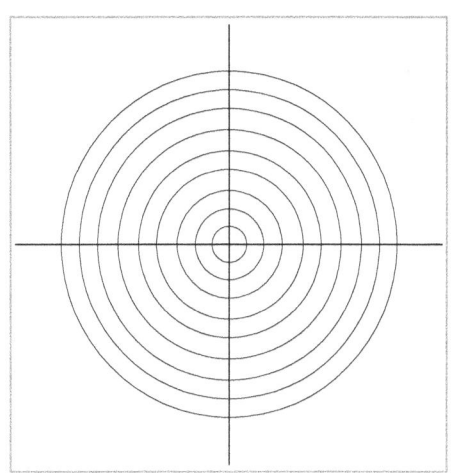

Distance :
Target Size :

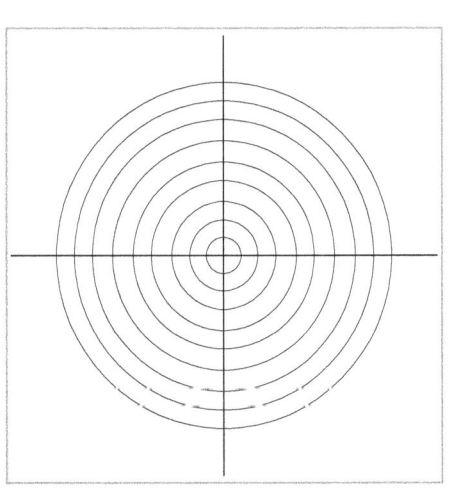

Distance :
Target Size :

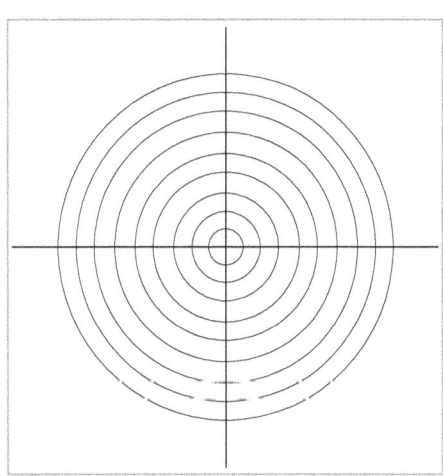

Distance :
Target Size :

Location :

Firearm :

| Date : | |
| Time : | |

Scope Type :	
Ammunition :	
Seating Depth :	
Distance :	
Powder :	
Primer :	
Brass :	

Conditions :

Overall Results :	

Notes :

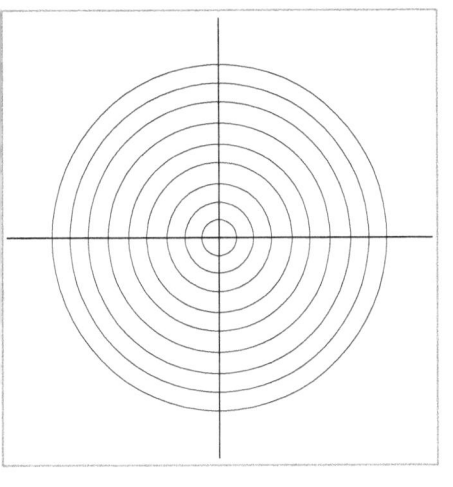
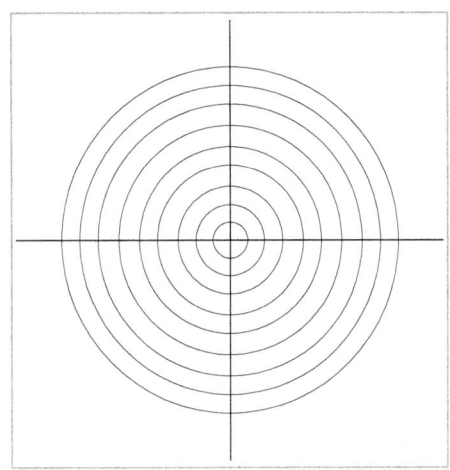

Distance :
Target Size :

Distance :
Target Size :

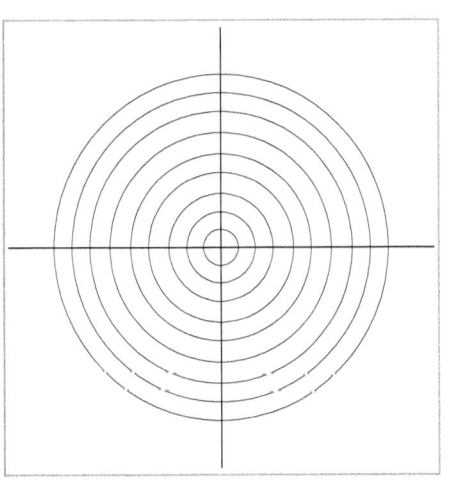
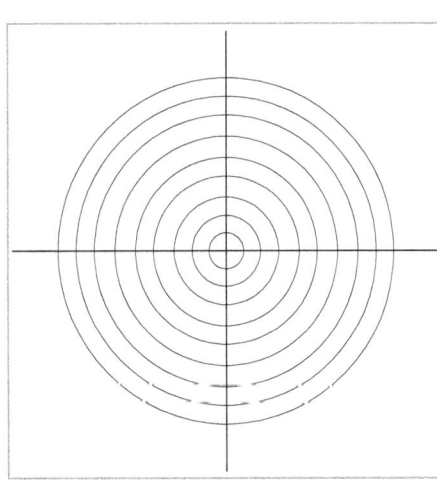

Distance :
Target Size :

Distance :
Target Size :

Location :

Firearm :

Date :

Time :

Scope Type :	
Ammunition :	
Seating Depth :	
Distance :	
Powder :	
Primer :	
Brass :	

Conditions :

Overall Results :	

Notes :

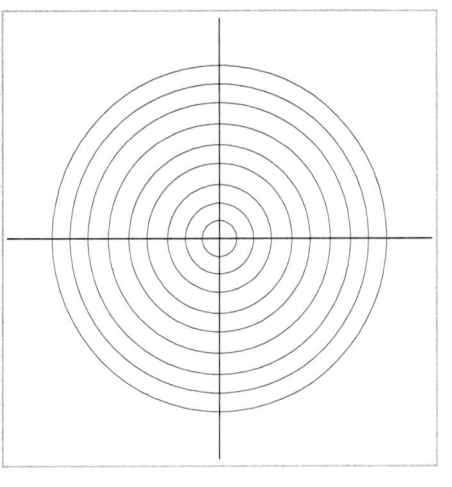

Distance :
Target Size :

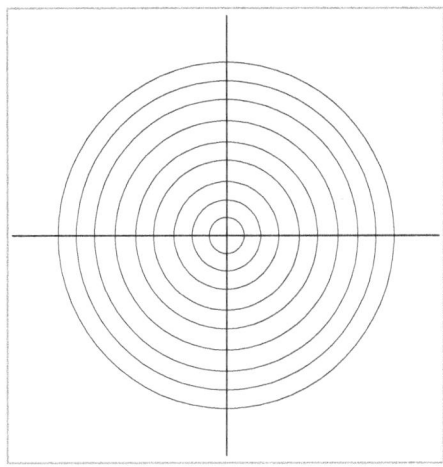

Distance :
Target Size :

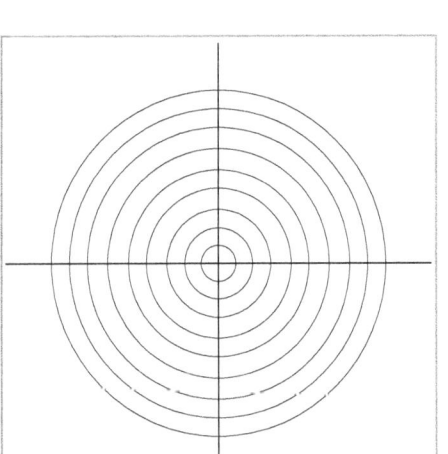

Distance :
Target Size :

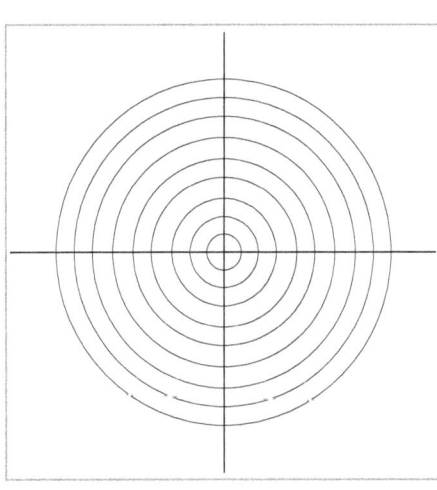

Distance :
Target Size :

Location :

Firearm :

Date :

Time :

Scope Type :	
Ammunition :	
Seating Depth :	
Distance :	
Powder :	
Primer :	
Brass :	

Conditions :

Overall Results :	

Notes :

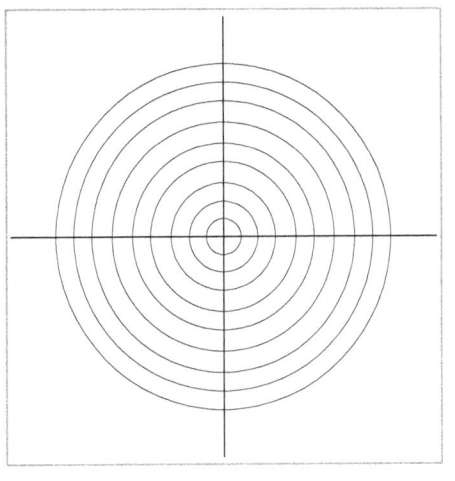
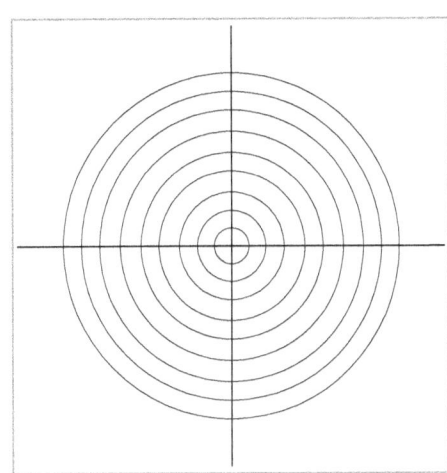

Distance : _____ Distance : _____
Target Size : _____ Target Size : _____

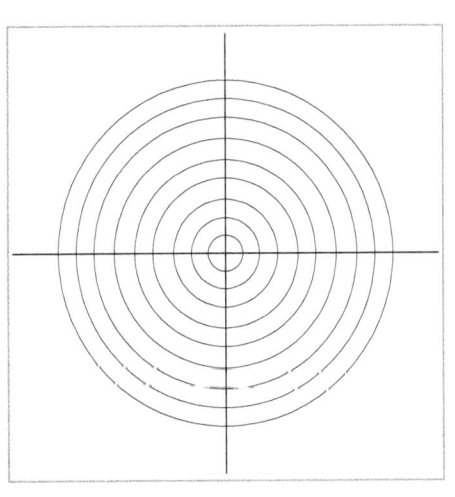
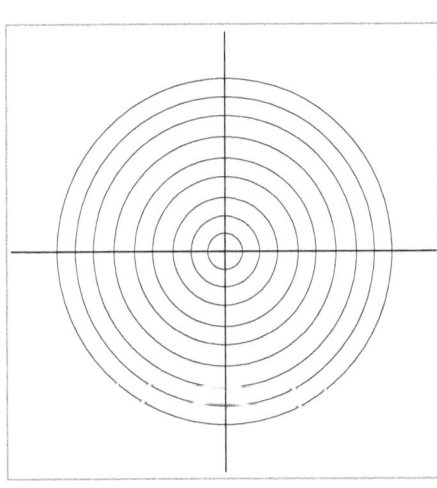

Distance : _____ Distance : _____
Target Size : _____ Target Size : _____

Location :

Firearm :

Date :

Time :

Scope Type :	
Ammunition :	
Seating Depth :	
Distance :	
Powder :	
Primer :	
Brass :	

Conditions :

Overall Results :	

Notes :

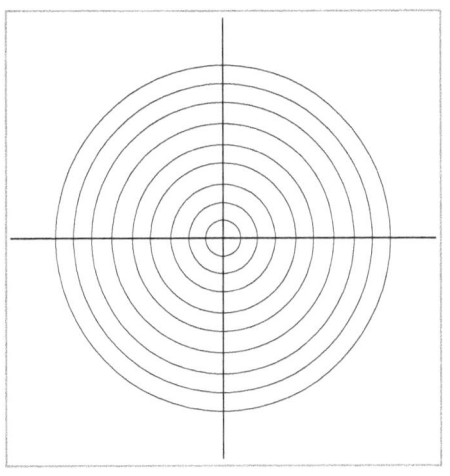 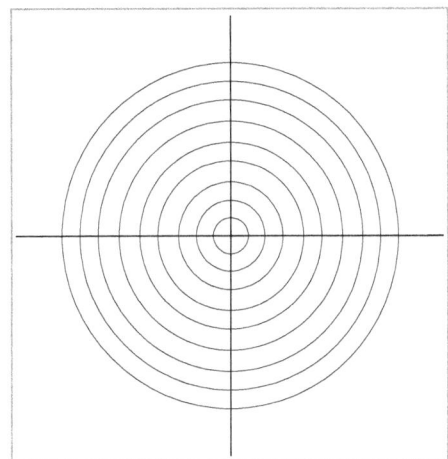

Distance : _____   Distance : _____
Target Size : _____   Target Size : _____

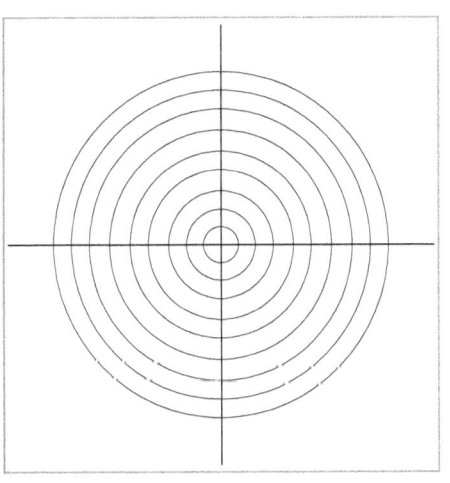 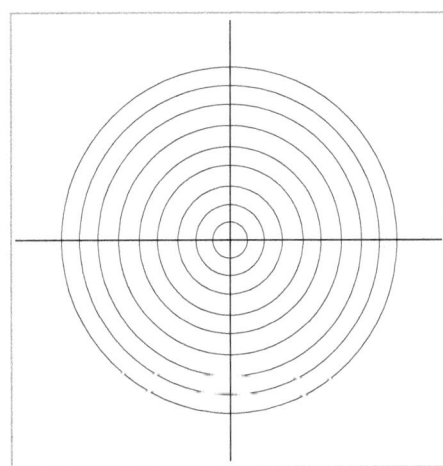

Distance : _____   Distance : _____
Target Size : _____   Target Size : _____

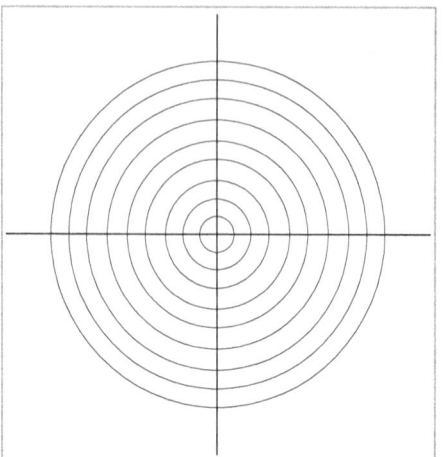
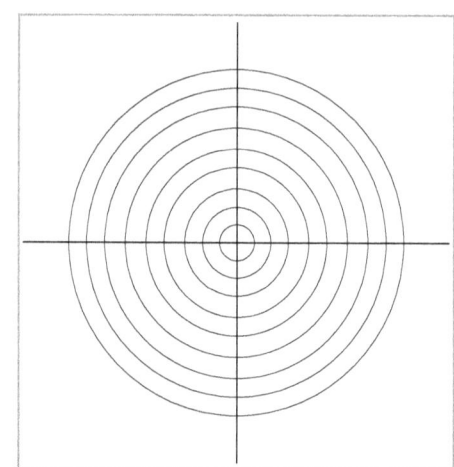

Distance :
Target Size :

Distance :
Target Size :

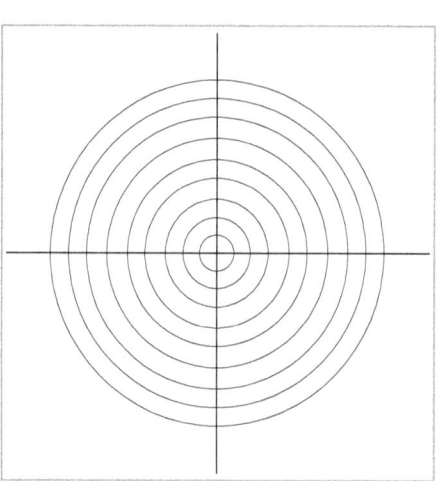
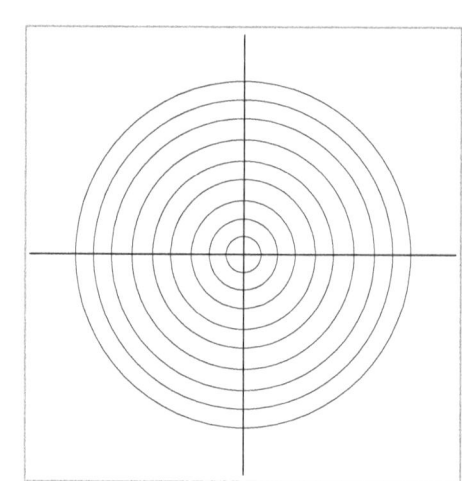

Distance :
Target Size :

Distance :
Target Size :

www.ingramcontent.com/pod-product-compliance
Lightning Source LLC
Chambersburg PA
CBHW050258120526
44590CB00016B/2401